Ernst Meumann

Der Verzug des Schuldners nach dem Recht des BGB für das

Deutsche Reich

Ernst Meumann

Der Verzug des Schuldners nach dem Recht des BGB für das Deutsche Reich

ISBN/EAN: 9783743650329

Hergestellt in Europa, USA, Kanada, Australien, Japan

Cover: Foto ©Suzi / pixelio.de

Weitere Bücher finden Sie auf **www.hansebooks.com**

Der Verzug des Schuldners

nach dem Recht des Bürgerlichen Gesetzbuches für das Deutsche Reich.

Inaugural-Dissertation

der

juristischen Facultät

der

Friedrich-Alexanders-Universität zu Erlangen

vorgelegt von

Ernst Meumann

Gerichtsreferendar

aus Köln am Rhein.

Approbirt am 30. Juli 1897.

Druck: Faber'sche Buchdruckerei.

1898.

Herrn

Heinrich Theodor Wuppermann

in Dankbarkeit

zugeeignet.

Disposition.

————•————

§. 1.

Wer sich an die Aufgabe macht, auf dem Gebiete des neuen bürgerlichen Gesetzes eine mehr oder minder umfangreiche Einzelmaterie zu behandeln, dem stehen von vornherein zwei Wege offen, die wissenschaftlichen Schätze, die eine solche Materie bietet, zu heben. Einmal kann er mit der Hand des kritischen Sammlers alle die Fäden auseinanderbreiten, die, des verschiedensten Ursprungs, das Gewebe bilden; er wird ihnen bis zu ihren gemeinsamen oder getrennten Quellen nachgehen und aus der Erfahrung des Rechtshistorikers den Werth und die Bedeutung des neuen Gesetzeswortes prüfen. Ein anderer Weg ist der, das Gesetz als ein gegebenes, selbstständiges Gebilde zu betrachten, und, ohne allerdings in einem Augenblicke seines Ursprungs uneingedenk zu sein, doch auf diesen nur so weit zurückzugehen, als die Auslegungsaufgabe dies unbedingt erfordert.

Bei der vorliegenden Arbeit, die über den „Verzug des Schuldners" handeln soll, haben wir den letzteren Weg gewählt, da wir es uns weniger zur Aufgabe gemacht haben, das neue Gesetz einer Kritik zu unterziehen, als vielmehr lediglich das gegebene Material dogmatisch darzustellen.

Daraus ergab sich für uns eine gewisse Beschränkung in der Literatur. Auf solche Werke, die zum Werdegang des Gesetzes erschienen sind, haben wir — mit einer einzigen Ausnahme*) — keine Rücksicht genommen. Von Werken über das bisherige Recht hätten wir ausschliesslich Windscheid, der selbstverständlich unentbehrlich war, benutzt, wenn nicht

---

*) Es ist dies Reatz, die zweite Lesung des Entwurfs eines bürgerlichen Gesetzbuches . . . . unter Gegenüberstellung der ersten Lesung.

in einer Einzelfrage der Hinweis auf das französische Recht ein Eingehen auf einige Werke aus dessen Literatur nöthig gemacht hätte. Dagegen ist die uns erreichbare Literatur über das fertige Gesetz nach Kräften benutzt. Zu bedauern hatten wir dabei, dass zur Zeit die Werke von Planck, Endemann und Riedel noch nicht bis zu dem von uns hier behandelten Punkte gediehen sind, und nicht minder, dass die in der Guttentag'schen „Sammlung von Einzeldarstellungen des Rechts des bürgerlichen Gesetzbuches" angekündigte Schrift von Stammler: „Das Recht der Schuldverhältnisse in seinen allgemeinen Lehren", noch nicht erschienen ist.

Ein ferneres Hemmniss war, dass die Protokolle der II. Reichs-Kommission uns nur mittelbar, durch die Werke von Haidlen („Bürgerliches Gesetzbuch nebst Einführungsgesetz mit den Motiven und sonstigen gesetzgeberischen Vorarbeiten") und Reatz („Die zweite Lesung des Entwurfs eines bürgerlichen Gesetzbuches für das deutsche Reich unter Gegenüberstellung der ersten Lesung") zugänglich waren.

Im Uebrigen war unserer Darstellung aus der älteren Dogmatik der Weg gewiesen. Die Voraussetzungen und die Wirkungen des Verzuges des Schuldners bilden die beiden Hauptabschnitte der Arbeit, denen sich als dritter kürzerer die „Aufhebung" anreihen musste.

§. 2.

Die Voraussetzungen des Verzuges des Schuldners finden ihre wesentliche Behandlung in den §§. 284 und 285 des Gesetzbuches. Der grundlegende §. 284 lautet wie folgt: „Leistet der Schuldner auf eine Mahnung des Gläubigers nicht, „die nach dem Eintritte der Fälligkeit erfolgt, so kommt er „durch die Mahnung in Verzug. Der Mahnung steht die „Erhebung der Klage auf Leistung sowie die Zustellung eines „Zahlungsbefehls im Mahnverfahren gleich. — Ist für die „Leistung eine Zeit nach dem Kalender bestimmt, so kommt „der Schuldner ohne Mahnung in Verzug, wenn er nicht zu

„der bestimmten Zeit leistet. Das Gleiche gilt, wenn der „Leistung eine Kündigung vorauszugehen hat und die Zeit „für die Leistung in der Weise bestimmt ist, dass sie sich „von der Kündigung ab nach dem Kalender berechnen lässt." Von den in diesen Paragraphen so gegebenen drei regelmässigen Voraussetzungen, Nichtleistung, Mahnung, Fälligkeit, ist letztere diejenige, die der Erscheinungszeit nach den anderen vorausgeht. Wir wenden uns ihr daher zunächst zu.

Der Entwurf erster Lesung hatte eine Definition der „Fälligkeit" in seinem §. 158 vorgesehen: „Den Zeitpunkt, „in welchem die Befriedigung des Anspruchs rechtlich verlangt „werden kann". Diese Definition ist nicht beibehalten worden; sie trifft indessen das Wesen der Sache, das sich im Einzelnen aus §. 271 Ges. ergiebt. Das Gesetz unterscheidet zwei Hauptfälle im §. 271, dass eine Zeit für die Leistung bestimmt ist, und dass dies nicht der Fall ist. Im letzteren Falle kann der Gläubiger die Leistung sofort verlangen, der Schuldner sie sofort bewirken, sie ist sofort fällig. Im ersteren Falle, dem es gleich steht, dass die Umstände eine mehr oder minder bestimmte Leistungszeit ergeben, tritt im Zweifel erst mit dieser die Leistungspflicht ein, während das Leistungsrecht im Zweifel bereits vorher als bestehend anzunehmen ist.

Es kann nicht im Rahmen des vorliegenden Themas liegen, auf das Erforderniss der Fälligkeit näher einzugehen. Vielmehr ist diese Voraussetzung des Verzuges als ein selbstständiges Gebiet zu betrachten. Der Begriff der Fälligkeit ist für das ganze Obligationenrecht in gleicher Weise bedeutungsvoll und es wäre verfehlt, sie gerade hier erschöpfend zu behandeln. Aus diesem Grunde erscheint es auch insbesondere nicht geboten, auf die Fälle nothwendiger Kündigung und ähnliche Einzelheiten einzugehen.

Die dem Gesetze entnommenen Bestimmungen werden für die fernere Behandlung unseres Themas genügen.

§. 3.

Als zweite Voraussetzung für den Verzug des Schuldners stellt das Gesetz in seinem §. 284 die Mahnung auf, der die Erhebung der Klage auf Leistung und die Zustellung eines Zahlungsbefehles im Mahnverfahren gleichgestellt werden. Im zweiten Absatz des §. 284 wird sodann ein Doppelfall hervorgehoben, in welchem die Mahnung zum Eintritt des Verzuges nicht erforderlich ist. Es ist wohl nicht ohne Absicht geschehen, wenn die Motive in ihrer Darstellung des §. 245 E. I., der dem §. 284 Ges. entspricht, von der in jenem Paragraphen eingehaltenen Ordnung abweichend, sich mit diesen letzteren Fällen zuerst befassen. Die Bestimmungen, die der zweite Absatz enthält, zeichnen sich vor denen des ersten Absatzes dadurch aus, dass sie unbedingt erschöpfend sind, dergestalt, dass sie der Interpretation fast in jeder Weise vorgreifen. Damit sind sie denn zugleich sehr geeignet, für die Auslegung der Bestimmungen des ersten Abschnittes als Anhaltspunkt zu dienen. Wir übernehmen daher die Reihenfolge aus der Darstellung der Motive.

Die beiden Fälle des Absatz 2 sind eine Anwendung des in der gemeinrechtlichen Doctrin vielumstrittenen, in der Praxis aber consequent durchgeführten Satzes: dies interpellat pro homine. Im ersten Satze des Absatz 2 §. 284 setzt das Gesetz fest, dass wenn für die Leistung eine Zeit nach dem K a l e n d e r bestimmt, Mahnung unnöthig ist. Das Gleiche gilt nach dem zweiten Satze für den Fall, dass der Leistung eine Kündigung vorauszugehen hat und die Zeit in der Weise bestimmt ist, dass sie sich von der Kündigung ab nach dem Kalender berechnen lässt.

Letzterer Satz ist nicht lediglich eine Auslegungsregel des ersten. Dies scheinen allerdings die Motive anzunehmen, wenn sie S. 57 zu §. 245 sagen: „Die Hervorhebung der „Fälle, in welchen eine Kündigung zur Herbeiführung der „kalendermässigen Leistungszeit erforderlich ist, hielt man „bei der grossen praktischen Wichtigkeit der Frage z u r „A b s c h n e i d u n g aller Z w e i f e l für erforderlich."

Aber offenbar haben sich diese Zweifel schon unter den Redactoren des ersten Entwurfs erhoben, und mit Recht; denn im ersten Falle haben wir einen von Anfang an nach dem Kalender bestimmten Zeitpunkt vor uns, im zweiten Falle doch immer nur einen solchen, der unter einer gewissen Vorbedingung, dem Eintritt der Kündigung, genau bestimmbar, und insofern von diesem Zeitpunkt an allerdings auch bestimmt zu nennen ist. Das würde aber auch in anderen Fällen vorliegen. Die Leistungszeit für einen bedingten Vertrag z. B. ist insofern bestimmt, als. etwa abgemacht ist: am dritten Tage nach Eintritt der Bedingung ist zu leisten. Die Leistungszeit wird hier objectiv ganz genau bestimmt sein, sobald die Bedingung eingetreten. Dennoch wird Niemand annehmen, dass ein solcher Fall von §. 284 Abs. 2 Satz 1 mitbegriffen werde. Die Motive heben das Gegentheil ausdrücklich hervor für den dies certus an incertus quando, der in dieser Hinsicht gleich zu achten ist.

Es führt uns aber der Unterschied zwischen den beiden letztgenannten Fällen einerseits und dem Fall anderseits, den §. 284 Abs. 2 Satz 2 hervorhebt, zur ratio legis: Hier wie dort ein objectiv in einem gewissen Augenblick ganz präcise und kalendermässig feststehender Leistungszeitpunkt; aber während im Falle des §. 284 Abs. 2 Satz 2 durch die Kündigung unzweifelhaft der Schuldner von dem Leistungszeitpunkt genau unterrichtet ist, so kann dies in den anderen Fällen immerhin zweifelhaft sein, und es steht damit für diese Fälle nicht unbedingt fest, dass der Schuldner im Leistungszeitpunkt gewusst hat, dass seine Leistungspflicht eingetreten. Sonst sind die beiden Fälle nicht von einander verschieden, und es kann nur dieser Unterschied den Grund für die abweichende Behandlung abgeben.

Es ist also die unbedingte Voraussetzung für den Eintritt der Regel: dies interpellat pro homine: dass der Schuldner unzweifelhaft weiss oder wissen muss, dass er in einem genau bestimmten Augenblick zu leisten hat. — Das besagen auch die Motive, wenn sie als eigentlichen Grund des Rechtssatzes des Abs. 2 bezeichnen, „dass durch die Zufügung der Zeit-

„bestimmung die Leistungs- und Erfüllungspflicht des Schuldners „zu dieser Zeit festgestellt worden ist und der letztere hieraus „schon die nöthige Aufforderung, zu leisten, entnehmen muss." (Vergl. Seite 57 zu §. 245 Bd. II.)

Bemerkenswerth ist nun ferner insbesondere gegenüber einem Theile der gemeinrechtlichen Doctrin, dass dieser Satz: „dies interpellat" da, wo er Anwendung findet, keine praesumtio darstellt, sondern unbedingt gilt, natürlich — insoweit seine Geltung nicht durch Privatabkommen nach-gelassen ist, das selbstverständlich nach §. 157 Ges. nicht einmal ausdrücklich zu sein braucht. (Vergl. hierzu Reatz, das Bürgerliche Gesetzbuch für das deutsche Volk erläutert. S. 95, B. 6.) Auch das ist bedeutungsvoll für das dem Abs. 2 zu Grunde liegende Princip. Denn wenn das Gesetz in dieser absoluten Form: „so kommt der Schuldner ohne Mahnung in Verzug", die Consequenz zieht, so sagt es damit: wenn die Voraussetzung der Kenntniss des kalender-mässig feststehenden Leistungstermins beim Schuldner vorliegt, so muss auch der Verzug eintreten, und demnach ist auch das Maximum dessen gegeben, was für den Eintritt des Verzuges erforderlich ist.

Im Einzelnen ist zu diesem Absatz des §. 284 noch Folgendes zu bemerken: Selbstverständlich ist, dass bei Aus-legung des Begriffes „nach dem Kalender bestimmte Zeit" nicht engherzig zu verfahren ist. Erforderlich ist nur, dass bei richtiger Berücksichtigung aller Anhaltspunkte der Zeit-punkt unzweifelhaft mit einem bestimmten Datum zu-sammenfällt; nicht etwa braucht ein solches genannt zu werden. So wird die Bezeichnung 14 Tage oder eine Woche nach Pfingsten 1900 durchaus nach dieser Be-stimmung genügen, die Mahnung unnöthig zu machen. In diesem Sinne sprechen sich auch die Motive aus. — Mit Recht macht die Ausgabe des Gesetzes von Achilles zu §. 284, 2 auf §. 193 des Gesetzes aufmerksam, der den Fall ordnet, dass der zu berechnende „dies" auf einen Feiertag fällt. Ueberhaupt wird man natürlich den ganzen Inhalt des Abschnittes über Fristen und Termine berücksichtigen und seine Kenntniss beim Schuldner für die Frage, ob dieser vom Eintritt des Leistungszeitpunktes unterrichtet sein musste, voraussetzen.

Nach der unbeschränkten Ausdrucksweise des Gesetzes ist es gleichgültig, wodurch der „dies" feststeht: Gesetz, Richterspruch und Vertrag sind zu seiner Festsetzung gleich geeignet, wie auch die Motive hervorheben. — Dass ein beigefügter „dies" gemäss einer unzweifelhaften, wenn auch nicht ausdrücklichen Vertragsbestimmung, die ihm in §. 284 Abs. 2 beigelegte Wirkung verliert, liegt auf der Hand und fand bereits Erwähnung.

Wir kommen zum ersten Absatz des §. 284 des Gesetzes, der die Mahnung behandelt. Der Entwurf erster Lesung gab eine Art Definition derselben; nach §. 245 E. I ist unter Mahnung die „Aufforderung des Gläubigers, die Leistung zu bewirken," zu verstehen. Es ist mit dieser Definition wenig mehr gesagt, als mit dem Worte Mahnung selbst, daher mit der Streichung dieser Worterklärung nichts verloren ist. Für die Frage, welches die Formen sind, in denen die Mahnung zu erfolgen hat, was ihr Inhalt ist, bietet sie keinerlei Anhalt.

In Ermangelung jedes anderen Anhaltspunktes werden wir auf die ratio legis, wie wir sie für den Abs. 2 unseres Paragraphen festgestellt haben, zurückgehen müssen. Aus den Bestimmungen über den „dies" wird zu erkennen sein, was von der Mahnung nach Form und Inhalt zu verlangen ist. Denn wenn die Mahnung nur da von nöthen, wo ein „dies" im Sinne des §. 284 Abs. 2 nicht vorliegt, wenn sie andererseits auch stets dann für den Eintritt des Verzuges erforderlich ist, so kann ihr Zweck nur der sein, die Lücke auszufüllen, die das Fehlen des „dies" offen lässt. Und das ist, wie wir oben dargethan haben: der Mangel der unzweifelhaft feststehenden Kenntniss des Schuldners vom Eintritt des Leistungszeitpunktes.

Hiernach reiht sich naturgemäss die Mahnung unter die Zahl der einem Andern gegenüber abzugebenden Willenserklärungen, wie sie §§. 130 ff., sowie §. 111 behandeln. Ihre Wirksamkeit tritt erst ein, wenn sie dem Schuldner zugeht.

Der Ersatz hierfür ist die Zustellung durch Gerichtsvollzieher, eventuell die öffentliche Zustellung (§. 132). Hinzuweisen ist noch auf die Bestimmungen des §. 180 bezüglich der Vertretung bei einseitigen Rechtsgeschäften. Dass die Mahnung bei dem dem Gesetze innewohnenden Grundsatz der Formfreiheit und bei dem Fehlen einer Formvorschrift formlos ist, insbesondere auch mündlich geschehen kann, bedarf kaum der Erwähnung.

Bedeutungsvoller wird der von uns dem §. 284 Abs. 2 unterstellte Grundsatz für die Frage nach dem Inhalt der Mahnung. Wenn unsere Auffassung dieses Grundsatzes einerseits richtig ist und anderseits auch, dass die Mahnung, weil sie nur in Ermangelung des „dies" nöthig wird, dessen Wirkung zu ersetzen allein bestimmt ist, so kann ihr Zweck nur der sein, den Schuldner in einer jede Möglichkeit eines Zweifels seinerseits ausschliessenden Weise in Kenntniss zu setzen, dass der Leistungszeitpunkt gekommen. Nach diesem Zweck bestimmt sich, da keine directe gesetzliche Vorschrift hier zutrifft, ausschliesslich der Inhalt der Mahnung. Sie muss durchaus geeignet sein, im Schuldner diese Kenntniss hervorzurufen: ein mehr aber ist nicht zu verlangen. Sie muss dieser einen Anforderung lediglich genügen.

Demnach ergeben sich aber auch alle Einzelheiten mit Naturnothwendigkeit und es wird der Richter in jedem Falle nur zu prüfen haben, ob der Schuldner nach der Mahnung wissen musste, dass der Leistungszeitpunkt herangekommen.

Wir heben hier kurz Einzelnes hervor, insbesondere unter Berücksichtigung der Motive. Insoweit über den Leistungstermin nichts bestimmt ist, muss natürlich die Mahnung diesen in etwa angeben. Im Zweifel ist alsbaldige Leistung verlangt. Bei einem „dies certus au incertus quando" wird der nachdrückliche Hinweis genügen, dass der „dies" eingetreten ist, bei einer Bedingung je nachdem: die entsprechende Mittheilung des Eintritts (wenn von da ab ein Termin ohnehin gesetzt ist) oder eine Terminsetzung, für welche wiederum das oben Bemerkte im Zweifelsfall gilt. Ferner entspricht diesem nothwendigen Inhalt der Mahnung die Bestimmung des §. 410 Satz 2: Eine „Mahnung „des neuen Gläubigers (bei einer übertragenen Forderung) ist „unwirksam, wenn sie ohne Vorlegung einer solchen Urkunde „(der über die Abtretung von dem bisherigen Gläubiger aus-„gestellten) erfolgt und der Schuldner sie aus diesem Grunde „unverzüglich zurückweist", wie die analoge Bestimmung des §. 1160. Freilich müsste hier, genau nach unserm Princip entschieden, der Schlusssatz „und etc." wegfallen. Derselbe enthält aber eine Zweckmässigkeitsbestimmung. Im Allgemeinen wird ja der Schuldner prüfen können, ob der mahnende Gläubiger der wahre Gläubiger ist; er wird daher die Kenntniss, dass der Leistungszeitpunkt gekommen, gewinnen müssen. Hat er Zweifel, so mag er sie sofort bethätigen, indem er die Mahnung zurückweist. Andernfalls steht gegen ihn fest, dass er gewusst hat, dass die Leistungszeit eingetreten; er ist gemahnt.

Endlich ergiebt sich aus diesem Gesichtspunkt auch die Beantwortung der in den Motiven aufgeworfenen Frage, ob eine bedingte Mahnung zulässig: sie wird für die Regel zu verneinen sein. Denn es wird in diesem Falle die Kenntniss des Schuldners fast nie für den Richter eine unbedingt feststehende sein, wie dies nach unseren bisherigen Ausführungen erforderlich ist. Dennoch wird es Fälle geben, wo diese absolute Kenntniss auch durch bedingte Mahnung zu erreichen ist; wir möchten hier nur ein Beispiel anführen: Der Gläubiger fordert den Schuldner auf, an einem bestimmten Tage zu zahlen, falls sich Schuldner an diesem Tage zufällig am Zahlungsorte befindet. Es kann nach dem bisher Gesagten kaum zweifelhaft sein, dass hier die bedingte Mahnung genügt.

In einigen andern Punkten dagegen ist den Motiven unseres Erachtens nicht beizupflichten, wenn sie annehmen, dass der Verzug nicht eintrete wegen eines Mangels in der Mahnung. Wir werden an späterer Stelle auf diese Punkte zurückkommen, die nach unserm Dafürhalten in der Be-stimmung des §. 285 ihre Erledigung finden. (Vgl. den hier-über handelnden Abschnitt im §. 4.)

Der Mahnung sind gleichgestellt Klageerhebung und Zahlungsbefehl. Naturgemäss kommt nur die Leistungsklage, nicht die auf Feststellung in Betracht. Das ergäbe schon unsere Auffassung von der Mahnung, wenn es nicht ausdrücklich im Gesetz stände. Dass die Widerklage dieselbe Wirkung hat wie die Klage, ergiebt sich in gleicher Weise. Zu prüfen ist aber, was geschieht, wenn Zahlungsbefehl und Klage nicht zu ihrem Ziel gelangen. Insoweit ersterer durch Verfallenlassen der sechsmonatlichen Frist (§. 641 C.-P.-O.) seine Kraft verliert, desgleichen insoweit letztere zurückgezogen wird, kann höchstens in Frage kommen, ob etwa purgatio morae vorliegt; dass gemahnt ist, kann nicht zweifelhaft sein. Wie dagegen ist zu entscheiden, wenn falsch geklagt ist, die Klage aber so viel Richtiges enthält, dass der Schuldner gar nicht im Zweifel sein kann, selbst nicht bei engherziger Auslegung des Wortlautes der Klage, dass eine bestimmte Forderung bezeichnet ist? — Wird man, trotzdem diese Klage den Keim der Abweisung in sich trägt, Verzug vom Zeitpunkt ihrer Erhebung ab anzunehmen haben? Die Frage ist nach unserer Beurtheilung des §. 284 unbedingt zu bejahen. Denn wenn nur die Klage — obgleich sie falsch angestellt ist, etwa beim unzuständigen Gericht — die Forderung der Leistung in einer unzweifelhaften Form enthält, so steht nach der Zustellung derselben fest, dass der Schuldner von dem Leistungsbegehren des Gläubigers unterrichtet war, dass er also mit Sicherheit den spätesten Leistungstermin kannte.

Für den Zeitpunkt der Mahnung ist endlich noch mit den Motiven festzustellen, dass sie nach Fälligkeit der Forderung eintreten muss, was sich aus der Natur der Sache ergiebt, da erst von diesem Augenblick der Gläubiger das Anbegehren der Leistung zu stellen berechtigt ist. D. h. bevor die Fälligkeit eintritt, steht allerdings, abgesehen von bedingten Schuldverhältnissen, fest, dass der Gläubiger einmal wird fordern können, und in diesem Sinne besteht ja die Obligation auch schon vor der Fälligkeit. Dagegen besteht sie nicht in dem Sinne, dass der Gläubiger bereits fordern darf. Der

Gläubiger würde also mit einer Mahnung zu dieser Zeit ein ihm nicht zustehendes Recht ausüben.

Uebrigens scheint uns nicht zweifelhaft, dass die Mahnung, die jedenfalls ganz unmittelbar einer die Fälligkeit erzeugenden Kündigung folgen darf, mit dieser in ein und derselben Zustellung oder sonstigen schriftlichen Mittheilung ergehen darf. Auch dies ergiebt übrigens der von uns verfochtene Grundgedanke des §. 284.

§. 4.

Endlich wird als Voraussetzung des Verzuges genannt, dass der Schuldner bei Vorhandensein der übrigen Umstände nicht leistet. Die Motive bemerken auf S. 59 zu §. 284 unter „Zeit" der Mahnung: „Bei der Beurtheilung, ob in Folge „der Mahnung Verzug eingetreten sei, ist zu berücksichtigen, „welche Zeit die Bewirkung der Leistung erfordert."

Im Anschluss an diese Bemerkung sei hervorgehoben, dass in gewissen Fällen der Beginn der Leistung bereits der Leistung gleich zu achten ist. Im Uebrigen aber findet die Voraussetzung der Nichtleistung ihre wesentliche Einschränkung und Ergänzung in dem §. 285 des Gesetzes. Dieser bestimmt, dass der Schuldner dann nicht in Verzug kommt, wenn die Leistung in Folge eines Umstandes unterbleibt, den der Schuldner nicht zu vertreten hat.

Das wird vor Allem da statthaben, wo bereits der Entwurf erster Lesung den Verzug ausschloss (§. 246 und §§. 237, 241 E. I). Es sind dies die Fälle von nach der Entstehung des Schuldverhältnisses durch vom Schuldner nicht zu vertretende Unmöglichkeit oder durch gleichgeartetes Unvermögen zur Leistung einer Species verursachter Nichtleistung oder verzögerter Leistung. Was solche Unmöglichkeit anlangt, die bereits vor der die Entstehung des Schuldverhältnisses hervorzubringen geeigneten Thatsache eingetreten ist, so ist es selbstverständlich, dass sie die Entstehung des Schuldverhältnisses undenkbar macht; für die Verträge ist dies übrigens auch ausdrücklich bestimmt. (§. 306 Ges.)

Hier ist also von Verzug auch keine Rede. Lag subjectives Unvermögen in dem bezeichneten Augenblick vor, so ist nicht zu denken, wie der Schuldner solches nicht solle vertreten müssen.*)

So bleiben noch die in §. 275 Ges. dargestellten Fälle: nach der Entstehung der Obligation eingetretene Unmöglichkeit und Unvermögen der Leistung einer Species, soweit beides durch vom Schuldner nicht zu vertretende Umstände verursacht ist. Denn das Unvermögen zur Leistung einer Gattung hat der Schuldner auf jeden Fall zu vertreten, so lange noch von der Gattung vorhanden, also nicht Unmöglichkeit eingetreten ist. (§. 279.**)

Diesen bereits im Entwurf I ausdrücklich vorgesehenen Fällen reiht sich die Möglichkeit an, dass der Schuldner trotz Vermögens nicht leistet, weil er nicht will, und dass er für den durch diesen Willen verursachten Schaden nicht verantwortlich, da er zu dem Willen berechtigt ist. (Vergl. hierzu Cosack §. 105 C. 1 und 3.***)

Hervorzuheben ist hier vor Allem der Fall eines entschuldbaren Irrthums über das Schuldverhältniss, insoweit dieser nicht bereits Unmöglichkeit herbeigeführt hat. Die Consequenzen entschuldbaren Irrthums über das Schuldverhältniss braucht der Schuldner jedenfalls nicht zu tragen. — Besonderer Beachtung verdient der bei Cosack a. a. O. unter C. 3 §. 105 aufgeführte Fall: „Er (Schuldner) bietet dem Gläubiger die „Erfüllung an, der Gläubiger verweigert die Annahme." U. E. kommt dieser Fall nur in Betracht, soweit das Anbieten geeignet ist, den Gläubiger in Verzug der Annahme zu setzen.

---

*) Selbstverständlich haftet hier der Schuldner nach Massgabe der für den Verzug geltenden Bestimmungen und nicht etwa nach §. 280 Ges.; denn nur das nachträgliche Unvermögen ist im §. 275 der Unmöglichkeit gleichgestellt.

**) In den Fällen vom Schuldner zu vertretender Unmöglichkeit tritt natürlich auch kein Verzug ein, sondern ohne Weiteres die Bestimmungen der §§. 280 ff. Danach enthält §. 285 u. E. implicite noch das, was §. 246 E. I ausdrücklich hervorhob.

***) Cosack, Lehrbuch des deutschen bürgerlichen Rechts auf der Grundlage des Bürgerlichen Gesetzbuches.

Ist das Anbieten nicht derartig, so ist es vollkommen wirkungslos. Im anderen Falle aber treten die Folgen des Gläubigerverzuges ein, es kann sich der Schuldner von seiner Leistungspflicht in gewissen Fällen befreien. (Vgl. §§. 303, 372, 383—386 Ges.) Hat der Schuldner das hierzu Erforderliche gethan, so kann er allerdings nicht mehr in Verzug gesetzt werden, weil es anzusehen ist, als habe er bereits geleistet. Uns scheint der von Cosack unter C. 3 aufgestellte Satz nur mit dieser Einschränkung richtig. Denn für den Fall, dass der Schuldner von den ihm aus §. 303 etc. zustehenden Rechten keinen Gebrauch macht, ist nicht abzusehen, weshalb er veranlasst sein sollte, nicht zu leisten, geschweige denn, dass im Einzelfalle festgestellt werden könnte, ob ein vom Schuldner nicht zu vertretender Umstand die Nichtleistung verursacht hat.*)

Betrachten wir nun diese aufgeführten Fälle, so findet sich, dass sie bei ihrer grossen Verschiedenartigkeit doch ein Gemeinsames haben. In allen Fällen ist es an dem, dass der Schuldner in dem Augenblick, wo sonst der Verzug eintreten würde, nicht zu leisten braucht. —

Dasjenige also, was den Eintritt des Verzuges hindert, ist die Thatsache, dass der Schuldner von seiner Leistungspflicht frei ist,**) sei es ganz und gar (bei absoluter Unmöglichkeit etc.), sei es nur für eine kurze Zeit (z. B. bis zur Behebungsmöglichkeit des entschuldbaren Irrthums). Und so wird die Frage, ob wegen eines vom Schuldner nicht zu vertretenden

---

*) Natürlich ist dabei §. 304 Ges. zu berücksichtigen.

**) Man nehme hier folgendes Beispiel an: Einem Erben, dem übrigens keine erbrechtlichen Einreden zur Seite stehen. wird unmittelbar nach dem Erbschaftsantritt eine Forderung gegen den Erblasser präsentirt. Diese entstammt einem verwickelten Rechtsverhältniss zwischen dem Erblasser und dem Präsentirenden. Nach seiner Kenntniss dieses Verhältnisses glaubt der Erbe eher Gläubiger denn Schuldner zu sein. Erst nach tagelanger sorgfältiger Prüfung findet er, dass die gestellte Forderung berechtigt ist. — Man kann sagen, dass trotzdem seine Schuld schon im Augenblicke des Erbschaftsantritts feststeht, ihm eine Pflicht zur Leistung erst für den Augenblick zuzuschreiben ist, wo er bei Aufwendung aller Sorgfalt Kenntniss von der Schuld erlangt haben musste.

Umstandes die Leistung unterblieben ist, zusammenfallen mit derjenigen, ob der Schuldner durch irgend einen Umstand von der Leisturgspflicht frei geworden ist.

Hiernach enthält §. 285 nur eine Begrenzung des Wirkungskreises des §. 284. Wenn man demgegenüber behauptet, dass in dem §. 285 neben den in §. 284 aufgestellten Voraussetzungen des Verzuges eine weitere Voraussetzung gegeben sei, nämlich das Verschulden des Schuldners, wie dies vor Allem Cosack (S. 343 a. a. O.) und Koll*) (S. 9 a. a. O.) thun, so ist dem unseres Erachtens zu widersprechen. Bei dieser Auslegung des Gesetzes müsste der Gläubiger zur Begründung eines auf den Verzug des Schuldners sich stützenden Anspruchs nicht nur Fälligkeit der Schuld, nicht nur Mahnung bezw. „dies" darlegen und beweisen,**) sondern auch, dass der Gegner schuldhafterweise nicht geleistet hat.

Diese Consequenz wollen freilich die Vertreter jener Ansicht selber nicht ziehen. Dieselbe ist aber unabweisbar. Es liegt in dem §. 285 nicht ein weiteres Erforderniss für die actio des klagenden Gläubigers, vielmehr giebt dieser Paragraph dem beklagten Schuldner unter der dort formulirten Voraussetzung eine exceptio. Hiermit stimmt überein, wenn die Motive (S. 60 Bd. II) von Exculpationsgründen sprechen, obgleich sie im Uebrigen allem Anschein nach die hier abgelehnte Ansicht vertreten.

Auffallend ist, dass die Motive behaupten, der Code civil habe die von uns gebilligte Ansicht, nämlich dass Verschulden nicht zu den Voraussetzungen des Verzuges gehöre, im Gegensatz zum Entwurfe (der in dieser Beziehung in der Sache mit dem Gesetzbuch übereinstimmt) aufgenommen,

---

*) Koll: Der Verzug des Schuldners und des Gläubigers, Rheinisches Archiv Bd. 92.

**) Die Nichtleistung selbst fällt, obschon sie auch nach unserer Ansicht zu den Voraussetzungen des Verzugs gehört, deshalb nicht unter die Beweis- und Darlegungslast des Gläubigers, weil die Vermuthung dafür streitet, dass eine einmal begründete Obligation fortbesteht. (Vgl. Stölzel, Schulung für Civil-Praxis S. 146, No. 4.)

während ein vergleichender Blick auf das neue und das französische Recht sofort ergiebt, dass ein wesentlicher Unterschied — von kleinen Nuancen abzusehen — nicht besteht. Der Artikel 1146 bis zum Worte „obligation" in Verbindung mit 1139 und Art. 1147 bis zu dem Worte l'exécution stimmen in der Sache vollständig mit dem §. 284 des B. G. B. überein. Der im §. 285 enthaltene Rechtsgedanke ist in der zweiten Hälfte des Art. 1147 und in Art. 1148 und 1149 niedergelegt.

Es soll hier allerdings nicht damit zurückgehalten werden, dass man zur Zeit auch in der französischen Literatur dazu neigt, anzunehmen, dass das Verschulden wenigstens die „regelmässige" Voraussetzung des Verzuges sei. Schon bei Zachariae-Dreyer*) (Aufl. VII Bd. II in §. 308 Text bezw. Anm. 13—14) findet diese Auffassung u. E. Ausdruck; schärfer betont dies jetzt Crome in §. 287 seiner Ausgabe von Zachariae, Note 4a. (Ihm ist allerdings beizupflichten, wenn er die Ueberschrift zu Larombière's Bemerkung 22 zu Artikel 1148 des Code: „La mise en demeure équivaut à faute" nicht als einen Ausdruck der hier von uns vertretenen Anschauung angesehen wissen will; das verbietet der Inhalt der No. 22 zu Art. 1148.) Aber diesen Stimmen aus der Literatur des französischen Rechts, mit dem ja, wie wir gesehen, das bürgerliche Gesetz in diesem Punkte wesentlich auf gleichem Boden steht, widerspricht unsere oben geschehene Darlegung in demselben Masse.

Und es mag hier betont werden, dass auch das Reichsgericht für das französische Recht sich zu diesem unserm Standpunkt bekannt hat; und zwar derart, dass Cretschmar**) folgende Anmerkung zu Art. 1147 unter Berufung auf die Entscheidung vom 13. April 1887 glaubt machen zu müssen: „Art. 1147 setzt Verschulden keineswegs voraus. Die

---

*) Deshalb bemerkt denn auch Crome in seinen Grundlehren des französischen Obligationenrechts in Anm. 6 zu § 15, dass dieser in den Motiven zum B. G. B. II S. 60 „erstaunlicherweise für die entgegengesetzte Meinung in Anspruch genommen wird".

**) Cretschmar, Rheinisches Civilrecht.

„objective, nicht durch fremde Ursache bewirkte Nicht-
„erfüllung begründet den Schadensersatzanspruch." Diese
Fassung der Cretschmar'schen Anmerkung ist allerdings geeignet, Missverständnisse hervorzurufen. Die Entscheidung in Bd. 17 sagt S. 320: „Sie (die Verpflichtung
zur Entschädigung wegen Nichterfüllung) fällt nur weg,
„wenn, was der Verpflichtete darzulegen hat, die Nicht-
„erfüllung von einer fremden, ihm nicht beizumessenden
„Ursache herrührt."
Damit ist vom Reichsgericht für das französische Recht
die hier für das Bürgerliche Gesetzbuch verfochtene Anschauung festgelegt worden: Das Verschulden bildet nicht
eine Voraussetzung des Verzugs; dieser ist vielmehr schon
durch die Thatsachen der Fälligkeit, der Mahnung oder des
„dies", sowie der Nichtleistung gegeben. Der §. 285 bietet
nur dem Schuldner gegenüber der Wirkung der dritten Voraussetzung eine Exculpationsmöglichkeit, eine exceptio, deren
Beweis ihm obliegt.

Die Frage nun, ob der Schuldner gänzlich oder vorüber-
gehend von der Leistungspflicht frei, wird sich für jeden
Einzelfall nach den für diesen in Betracht zu ziehenden
Gesetzesbestimmungen und allgemeinen Rechtsgrundsätzen
(so z. B. beim entschuldbaren Irrthum) beantworten lassen.
Erwähnen wollen wir noch, was die Motive S. 45 zu §. 237
des Entwurfs erster Lesung sagen: „Es ist zu enge oder
„missverständlich, wenn die im Abs. 1 bezeichnete Wirkung
„(Befreiung von der Leistungspflicht) dem zufälligen oder
„verschuldeten Eintritt der Unmöglichkeit der Leistung bei-
„gelegt wird. Der Zufall im civilrechtlichen Sinne beginnt
„da, wo die Haftung des Schuldners aufhört. Die Haftung
„des Schuldners kann durch Gesetz oder Rechtsgeschäft über
„die Fahrlässigkeit hinaus bis zur Garantieübernahme für den
„Erfolg gesteigert, anderseits aber auch milder, als die Regel
„mit sich bringt, festgesetzt sein." Diese Ausführung ist ohne
Weiteres auf den §. 285 anzuwenden.

Einzelne Anwendungen dieser Sätze mögen hier folgen:
Wenn die Motive auf S. 59 sagen: „Aus dem Inhalte des

„Schuldverhältnisses ergiebt sich ferner von selbst, dass bei
„einer sogenannten Holschuld der Schuldner durch Mahnung
„des Gläubigers nur dann in Verzug gesetzt wird, wenn der
„Gläubiger sich zur Empfangnahme beim Schuldner ein-
„findet", so halten wir es für irrig, wenn sie hiermit — wie
wir annehmen müssen — andeuten wollen, es sei nicht
richtig gemahnt. Die Mahnung kann vollkommen dem
entsprechen, was wir als ihr Erforderniss gefunden haben,
und dennoch tritt kein Verzug ein. Der Grund aber ist,
dass der Schuldner nur leisten muss, wenn „geholt" wird;
die Leistung unterbleibt dann eben infolge eines Umstandes,
den er nicht zu vertreten hat. Dasselbe gilt für den Fall
der Leistung „Zug um Zug" bei Ausbleiben der Gegenleistung,
bei Nichtauslieferung der Anweisung (§. 785), der Schuld-
verschreibung (§. 797), der Quittung (368) und in anderen
Fällen, deren Aufzählung hier zu weit führen würde. Hier
ist nicht unzulässig gemahnt, sondern gemäss §. 285, da die
Leistung zufolge eines Umstandes unterbleibt, den der
Schuldner nicht zu vertreten hat, kommt der Schuldner nicht
in Verzug.

Wir fassen die gefundenen Voraussetzungen noch einmal
zusammen: eine fällige Schuld, eine bestimmte Feststellung,
dass der Schuldner weiss oder wissen musste, dass der
Leistungstermin gekommen, Nichtleistung trotz absoluter
Leistungspflicht. Treffen diese drei Voraussetzungen zusammen, so tritt der Verzug mit seinen unten zu schildernden
Wirkungen ein.

§. 5.

Die Wirkungen des Verzuges finden ihre Hauptbehandlung
in den §§. 286—290 sowie in §§. 326, 327 Ges.

Wir möchten dies die regelmässigen Verzugswirkungen
nennen; sie behandeln die Wirkungen, die durchweg entweder
bei allen Obligationsverhältnissen, oder aber bei allen gegenseitigen Verträgen zutreffen oder endlich bei allen nicht aus
solchen hervorgegangenen Schuldverhältnissen. Im Gegensatz

dazu nennen wir eine Reihe vereinzelter Bestimmungen, Wirkungen des Verzuges für dritte Personen, Wirkungen bei gewissen einzelnen Schuldverhältnissen und besonderen Vertragsabredungen: besondere Wirkungen des Verzuges.

Es ist hervorzuheben, dass man die Wirkungen des Verzuges als aus einem einzigen Grundsatz hervorgegangen ansehen kann; ein einziges Princip leitet die ganze Materie und ist derart durchgeführt, dass es nicht zweifelhaft sein kann, dass der Richter sich desselben, da wo eine Lücke vorliegt, zur Ausfüllung derselben wird bedienen dürfen.

Wir fassen dieses Princip dahin zusammen: „Dem „Gläubiger sollen alle erforderlichen Mittel gegeben „sein, sich vor demjenigen Schaden zu bewahren, der ihm „durch den Verzug des Schuldners entstehen kann." Dabei ist zu betonen, dass über das Mass des „Erforderlichen" hinaus keine Hülfe gewährt wird, dass es insbesondere vermieden ist, dass dem Gläubiger aus der Verzugslage des Schuldners ein Vortheil erwachse. — Wir werden Gelegenheit haben, dieses Princip zu verfolgen.

Im Uebrigen soll es unsere Aufgabe sein, in möglichster Kürze das vom Gesetz gebotene Material aus bestimmten in ihm liegenden Gesichtspunkten darzustellen, und dieses zwar unter Ausführung des Inhalts aller Bezugnahmen und Verweisungen des Gesetzes, insoweit dies dem Rahmen der Arbeit entspricht.

Bei der Behandlung der „regelmässigen" Wirkungen nehmen wir drei Möglichkeiten an, die den Gläubiger in die Lage setzen können, Schutz gegen Schaden zu suchen. Es kann unmittelbar durch den Verzug ihm Schaden entstanden sein, es kann dadurch, dass er die verspätete Leistung annehmen muss, ihm Schaden drohen, endlich kann ein Schaden während des Verzuges dergestalt eingetreten sein, dass Schaden und Verzug nur in mittelbarem Causalnexus stehen.

Dem ersten Falle entspricht in der Hauptsache die Bestimmung des §. 286 Abs. 1: „Der Schuldner hat dem

„Gläubiger den durch den Verzug entstehenden Schaden zu „ersetzen." *)

Damit und mit dem selbstverständlichen Hinweis auf den §. 249 und 252 Ges. ist alles Erforderliche gesagt, wie denn auch die Motive ein näheres Eingehen hier ablehnen. Bemerkenswerth ist aber gleich an dieser Stelle schon, dass mit bewusster Abweichung von andern Gesetzen (Code civ. etc.) der volle und unbedingte Schadensersatz dem Gläubiger gewährt wird.

Im Uebrigen bringt die Geldschuld hier Besonderheiten. (288—289.) Es wird, wie es die Motive nennen, für die Schadensliquidation in diesem Falle ein „Durchschnittsbetrag" festgestellt, indem man dem Gläubiger Anspruch auf gesetzliche Zinsen gewährt. Diese Bestimmung hat in ihrem Grunde den Charakter einer unwiderleglichen Rechtsvermuthung. Es wird präsumirt, dass der, der eine Geldsumme hat, auch Zinsen aus ihr zu ziehen in der Lage ist. Dies im Einzelfalle nachzuweisen, würde eine unnütze Belästigung des Gläubigers bedeuten. Es ist aber als etwas so Selbstverständliches anzusehen, dass der Gläubiger, falls er im Leistungszeitpunkt sein Geld erhalten hätte, mindestens die gesetzlichen Zinsen**) erzielt haben würde, dass sogar der Nachweis, dass dies unmöglich gewesen, abgeschnitten wird.

Im Uebrigen aber ändert die Aufstellung dieses „Durchschnittsbetrages" nichts an dem eingangs betonten Anspruch des Gläubigers auf volle Schadloshaltung. Hat der Gläubiger aus einem andern Rechtsgrunde höhere Zinsen zu verlangen, so sind diese fortzuentrichten. Ebenso kann er den Ersatz eines weiter gehenden Schadens beanspruchen. Aus dem Umstande, dass dieser „Durchschnittsbetrag" lediglich auf Grund der erwähnten Rechtsvermuthung beruht, ergiebt sich, dass die oben angeführten Grundsätze auch dann zutreffen, wenn bestimmte Geldstücke zu leisten sind, z. B. beim

---

*) Diese Bestimmung umfasst im weiteren Sinne alle Fälle der Verzugsschadensersatzpflicht.

**) Vgl. hierzu Reichstags-Commissionsbericht S. 34 zu §. 240 und §. 282 des Reichstagsentwurfes.

Depositum regulare. Auch hier wird dieselbe Vermuthung zutreffend sein. Koll S. 15 a. a. O. nimmt allerdings hier das Gegentheil an, indem er diese Vorschrift nur auf generisch geschuldetes Geld bezogen haben will. Aber unseres Erachtens liegt hierfür im Gesetzestext kein Anhalt vor, und die Thatsache, dass man eine Bestimmung des ersten Entwurfs, die unserer Auffassung Ausdruck gab, gestrichen hat, ist unserer Auslegung nur günstig, denn nach Reatz, Gegenüberstellung Bd. I S. 122 zu §. 248 E. I und §. 244 E. II, ist diese Bestimmung nicht als in ihr Gegentheil verkehrt anzusehen, vielmehr nur als bereits im Vorhergehenden enthalten und deshalb überflüssig entfernt. (Vgl. Haidlen, Bürgerliches Gesetzbuch nebst Einführungsgesetz mit den Motiven und sonstigen gesetzgeberischen Vorarbeiten, Bd. I S. 354 zu §. 288.)

Von diesen Bestimmungen sind jedoch zwei Ausnahmen gemacht: „Von Zinsen sind Verzugszinsen nicht zu entrichten „§. 289". Hierdurch wird dem alten Verbot des Anatocismus Rechnung getragen, und zwar in ganz allgemeiner Weise, im Gegensatz zum ersten Entwurfe. Es ist aber damit nicht mehr geschehen, als dass die Rechtsvermuthung, die für Verzugszinsen sonst gilt, hier nicht wirksam wird. Das Princip, dass dem Gläubiger das volle Verzugsinteresse zu leisten sei, ist aufrecht erhalten, denn: „das Recht des Gläubigers auf „Ersatz des durch den Verzug entstehenden Schadens bleibt „unberührt", bestimmt der Schlusssatz des §. 289.

Nicht anders verhält es sich hiermit im Falle des §. 522, der anordnet, dass der Schenker von Verzugszinsen frei sein soll. Diese bereits im gemeinen Recht enthaltene Bestimmung kann natürlich ebensowenig die Geltendmachung anderen Schadensersatzanspruchs ausschliessen.

§. 6.

Die Bestimmungen, welche das Gesetz trifft, um den Schuldner vor solchem Schaden zu behüten, der ihm dadurch droht, dass er entgegen seinen Interessen eine verspätete

Leistung anzunehmen genöthigt sein könnte, scheiden sich in solche, welche insbesondere für gegenseitige Verträge gegeben sind, und solche, die bei allen anderen Obligationen zutreffen. Letztere sind im Anschluss an das bisherige, besonders das gemeine Recht einfacher Natur: §. 286 Abs 2 bestimmt, dass der Gläubiger dann, wenn was ihm zu beweisen obliegt, die Leistung in Folge des Verzuges kein Interesse mehr für ihn hat, die nachträgliche Leistung ablehnen und Schadenersatz wegen Nichterfüllung verlangen kann. — Koll führt hierzu ferner (S. 11 a. a. O.) noch aus: „Im §. 286 Abs. 2 „wird der Fall nicht erwähnt, wenn bereits vor dem Verzuge „theilweise erfüllt war. Hat der empfangene Theil der „Leistung für den Gläubiger kein Interesse, so wird er die „Schadensforderung wegen Nichterfüllung unter Rückgewähr „des Empfangenen geltend machen können; ist nur der Rest „der Leistung ohne Interesse für den Gläubiger, so beschränkt „sich die Schadensforderung auf den rückständigen Theil." Diese Ausführung ist unseres Erachtens nur eine Anwendung des §. 286 Abs. 2, da auch hier in Folge des Verzuges die ganze Leistung kein Interesse mehr hat.

Reicher, im Anschluss an das Handelsrecht und im Gegensatz insbesondere zum römischen Rechte, sind für die gegenseitigen Verträge die Mittel ausgestaltet, dem durch die Annahme verspäteter Leistung drohenden Schaden zu begegnen. Bei gegenseitigen Verträgen kann es für den nichtsäumigen Theil nicht genügen, dass er bei Wegfall des Interesses von der Annahme der Leistung und damit von der Gegenleistung befreit wird. Er darf nicht so lange im Zweifel sein, ob er noch gegenleisten und die Leistung noch annehmen muss oder nicht. Die Denkschrift zum Entwurf eines Bürgerlichen Gesetzbuches (S. 75) bemerkt hierzu: „Bei der „Bedeutung, welche im heutigen Verkehr pünktliche Erfüllung „hat, darf das Recht des Gläubigers, auf Grund des Verzugs „des Schuldners Schadensersatz wegen Nichterfüllung zu ver- „langen oder von dem Vertrage zurückzutreten, nicht von „dem oft schwierigen Nachweise, dass die Erfüllung in Folge „des Verzugs für ihn kein Interesse hat oder — von der

„vorgängigen rechtskräftigen Verurtheilung des Schuldners „abhängig gemacht werden."

Es ist daher im Gesetze der nichtsäumige Contrahent in die Lage gesetzt, seine Gebundenheit beim Verzug des Gegners auf eine bestimmte Frist zu beschränken. In §. 326 Abs. 1 wird bestimmt, dass er dem Säumigen zur Erfüllung eine angemessene Nachfrist stellen kann, mit der Androhung, nach fruchtlosem Verlauf derselben die Annahme ablehnen zu wollen.

Die Stellung der Nachfrist erfolgt durch Willenserklärung gegenüber dem säumigen Theil und unterliegt sonach den Bestimmungen der §§. 130 ff., §. 111 und §. 180.

Nach dem Ablauf der Nachfrist ist dann der Nichtsäumige berechtigt, Schadensersatz wegen Nichterfüllung zu verlangen oder von dem Vertrage zurückzutreten, wenn nicht die Leistung rechtzeitig erfolgt ist.

Wie bereits betont, muss die Nachfrist eine angemessene sein. Dieser Bestimmung ist aber nach Cosack (a. a. O. S. 346) nicht die Bedeutung beizulegen, dass durch Stellung einer allzu kurzen Nachfrist die ganze Wirkung der Friststellung verloren geht; vielmehr wäre anzunehmen, dass durch die Stellung der zu knappen Frist die angemessene in Lauf kommt, nach deren Ablauf dann die Wirkungen aus §. 326 Abs. 1 eintreten. Cosack ist der Ansicht, dass das Gesetz dieser Regel „dadurch Ausdruck giebt, dass es nicht „sagt, der Gläubiger könne zurücktreten u. s. w., wenn die „Leistung nicht „binnen der Nachfrist" erfolgt, sondern dass „es bestimmt, der Gläubiger könne zurücktreten u. s. w., „wenn die Leistung nicht „rechtzeitig" erfolgt." Dieser Ansicht Cosacks ist beizupflichten. Denn durch die Friststellung wird jedenfalls dem Säumigen bekannt, dass der Gegner ablehnen will; er weiss, dass er dieser Ablehnung durch „rechtzeitige" Nachleistung vorbeugen kann; leistet er nunmehr nicht, so hat er sich selbst die Folgen zuzuschreiben.

Dagegen scheint uns sehr zweifelhaft die Richtigkeit der Ansicht Cosacks, dass auch da die Nachfrist zu Gunsten des Gläubigers in Lauf gesetzt werde, wo der Gläubiger in der irrthümlichen Annahme, die verspätete Leistung habe kein Interesse für ihn, ohne jede Nachfrist den Rücktritt vom Vertrage erklärt, oder Schadensersatz wegen Nichterfüllung fordert. Es ist hierzu zunächst darauf hinzuweisen, dass eine derartige Auslegung des §. 326 eine grosse Härte für den Schuldner enthalten würde. Wird er in der Lage sein, zu prüfen, ob der Gegner noch ein Interesse an der Leistung hat, ob derselbe zurücktreten etc. darf? — In der Regel wohl nicht. Und soll man ihm da zumuthen, dass er nunmehr auf gut Glück innerhalb der angemessenen Nachfrist nachliefert auf die Gefahr hin, dass der Gläubiger wirklich wegen Wegfall des Interesses zurücktreten konnte? Leistet er, so kann es geschehen, dass er mit Erfolg zurückgewiesen wird, leistet er nicht, so kann es ihm widerfahren, dass nunmehr sein berechtigter Anspruch auf die Nachfrist, nur weil er des Gegners Verhältnisse nicht kennt, verloren geht. Für das geltende Handelsrecht geht allerdings die constante Rechtsprechung des Reichs-Ober-Handelsgerichts und heute des Reichsgerichts dahin, dass die Nachfrist nicht unbedingt bei der Ankündigung des Rücktritts oder der Schadensersatzforderung gemäss Art. 355, 356, vielmehr erst auf Ansuchen des Säumigen zu gewähren ist, und dass durch die Ankündigung des Rücktritts oder der Schadensforderung die angemessene Nachfrist in Lauf kommt. (Vgl. hierzu insbesond. Entsch. des R. O. H. G. v. 6. März 1873 Bd. VIII No. 30 S. 127.) Es ist aber zu berücksichtigen, dass diese Judicatur nirgends den Fall berührt, wo der Gläubiger erklärt, kein Interesse mehr an der Leistung zu haben. In diesem Falle dürfte es vielmehr nicht fraglich sein, dass für das geltende Handelsrecht eine Verweigerung der Nachfrist anzunehmen ist. Und soweit der Fall so liegt, wird man auch im neuen bürgerlichen Recht nicht anders entscheiden können.

Aber selbst bei Sachlage, dass der Rücktritt erklärt, der Schadensersatz verlangt wurde o h n e Hinweis auf den Fortfall des Interesses, kann aus dieser Judicatur kein Schluss auf das Recht des Bürgerlichen Gesetzes entnommen werden. Es hat nämlich die Nachfrist im bürgerlichen Gesetzbuch einen durchaus anderen Charakter, als im geltenden Handelsrecht. Dies zeigt sich in Folgendem: Nach Art. 356 H. G. B. muss der Contrahent, der statt der Erfüllung Schadensersatz wegen Nichterfüllung fordern oder vom Vertrage abgehen will, dies anzeigen und in dieser Anzeige sich bereits für das Eine oder Andere entscheiden. (Vgl. Entsch. d. R. O. H. G. Bd. I S. 266, III 320, XV S. 335.) Dagegen hat nach dem Bürgerlichen Gesetzbuch dieses Wahlrecht erst nach dem Ablaufe der Frist statt. Es heisst in §. 326 Abs. 1 Satz 2: „Nach dem Ablauf der Frist ist er „berechtigt, Schadensersatz wegen Nichterfüllung zu verlangen „oder von dem Vertrage zurückzutreten." — Schon in dieser Bestimmung zeigt es sich deutlich, dass die Nachfristsetzung als solche zu den unerlässlichen formellen Voraussetzungen des §. 326 zu rechnen ist. Ebenso spricht dafür die Anknüpfung der weiteren Wirkung, dass die Erfüllung nach dem Ablaufe der Frist nicht mehr beansprucht werden darf. Besonders aber ergiebt sich diese Auffassung aus dem Wortlaut des ersten Satzes des §. 326, der gerade die Stellung der Nachfrist als die Hauptsache, die Ablehnungsandrohung als das Nebensächliche charakterisirt.

Es ist hierbei in Betracht zu ziehen, dass die Entstehungsgeschichte des Art. 356 H. G. B., auf die sich das Reichs-Oberhandelsgericht in seiner Entscheidung Bd. VIII S. 127 ff. beruft, und die für diese Entscheidung voll beweiskräftig ist, durchaus verschieden ist von der des §. 326 Abs. 1 des Bürgerlichen Gesetzbuches. Von ersterer konnte das Oberhandelsgericht mit Recht das Ergebniss aufstellen: „dass man ganz und gar nicht von der „Nothwendigkeit, eine Frist zu setzen, ausgegangen ist, sondern „davon, dass dem Säumigen Gelegenheit gegeben werden „müsse, mora zu purgiren." Anders beim Bürgerlichen Gesetzbuch. Der Entwurf erster Lesung hatte überhaupt nur für den Interessewegfall den Rücktritt vom Vertrage vorgesehen. Wenn demgegenüber der Entwurf zweiter Lesung die jetzige Bestimmung in der Annahme geschaffen hat, die in §. 369 Abs. 2 des Entwurfs erster Lesung enthaltene „Regelung „vertrage sich nicht mit dem im Volke lebenden Rechts-

„bewusstsein, welchem der Grundsatz des gemeinen Rechts, „dass Verzug den Gläubiger nicht zum Rücktritt berechtige, „stets fremd geblieben sei",*) so bleibt doch das, was damit geschaffen wurde, eine „Aenderung des gemeinen Rechts", wie es die Protokolle ausdrücken, und diese kann jedenfalls nicht weiter interpretirt werden, als nach ihrem Wortlaut unbedingt geboten ist. Dieser Wortlaut aber macht die Nachfriststellung zur Voraussetzung des §. 326 Abs. 1; und es hiesse demselben Gewalt anthun, wollte man annehmen, dieser Voraussetzung sei durch Rücktrittserklärung oder durch Forderung des Schadensersatzes wegen Nichterfüllung genügt.

Wenn diese Auffassung richtig, so wird freilich für die Zukunft auch im Gebiete des Handelsrechts die Judicatur eine andere werden müssen, da grundsätzlich das Verzugsrecht des Bürgerlichen Gesetzbuches auch für das Handelsrecht gelten wird. (Hierzu: Text des neuen Handelsgesetzbuches §§. 373 ff. und Denkschrift hierzu S. 219.)

Nach fruchtlosem Ablaufe der Nachfrist kann der Nichtsäumige nicht mehr die Erfüllung beanspruchen. Es bleibt ihm nur die Wahl, Schadensersatz wegen Nichterfüllung zu fordern oder vom Vertrage zurückzutreten, für welch' letzteren Fall nach §. 327, §. 346—356 analog gelten.

Besonders geregelt ist der Fall, dass während der Frist theilweise geleistet worden ist. Ist diese Theilleistung von Interesse, so treten für den nicht geleisteten Rest die eben aufgeführten Folgen des Ablaufs der Nachfrist ein. Der §. 326 Abs. 1 Satz 3 bestimmt, dass wo bis zum Ablauf der Frist theilweise nicht geleistet ist und die erfolgte Theilleistung für den Nichtsäumigen kein Interesse hat, unter entsprechender Anwendung einer Bestimmung des §. 325, in Satz 2 des Absatz 1 enthalten, der Nichtsäumige berechtigt sein soll, entweder Schadensersatz wegen Nichterfüllung der ganzen Verbindlichkeit nach Massgabe des §. 280 Abs. 2 zu verlangen oder von dem ganzen Vertrage zurückzutreten.

---

*) Vergl. R e a t z , die zweite Lesung d. E. e. B. G. B. unter Gegenüberstellung. I. S. 143.

Nach §. 280 Abs. 2 werden wir übrigens für diesen Fall der Schadensersatzforderung ebenfalls (wie in §. 286 Abs. 2) auf §§. 346—356 verwiesen. Wenn Koll, a. a. O. S. 13, daneben dem Falle, dass vor dem Verzuge bereits die Theilleistung erfolgt ist, eine besondere Würdigung angedeihen lässt, so können wir dem nicht bestimmen. Er sagt hier: „Dieselben Grundsätze werden gelten müssen, wenn bereits „vor dem Verzuge eine Theilleistung erfolgt ist, da beim „Mangel des Interesses an einer bereits angenommenen Theil-„leistung aus §. 286 zu folgern ist, dass auch diese Theil-„leistung zurückgegeben werden darf." Der §. 326 Abs. 1 Satz 3 lautet: „Wird die Leistung bis zum Ablaufe der „Frist theilweise nicht bewirkt, so findet die „Vorschrift des §. 325 Abs. 1 Satz 2 entsprechende An-„wendung". Dieser Wortlaut umfasst alle Fälle, wo bis zum Ablauf der Frist „theilweise nicht" geleistet ist, also auch den, wo eine Theilleistung bereits vor Friststellung und Verzug erfolgt ist.

Im Uebrigen hat, wie bemerkt, der Gläubiger die Wahl zwischen Rücktritt und Schadensforderung wegen Nichterfüllung. Diese schliessen sich wiederum aus; „denn — so bemerken „die Motive S. 211 — der Rücktritt soll die Betheiligten in „die Lage versetzen, als ob der Vertrag nicht geschlossen „wäre. Hiermit verträgt sich ein Anspruch auf das Er-„füllungsinteresse nicht".

Der Stellung der Nachfrist und der Drohung der Ablehnung bedarf es naturgemäss nicht, wo die Erfüllung des Vertrages in Folge des Verzuges für den anderen Theil, was dieser beweisen muss, kein Interesse hat: hier kann der Nichtsäumige ohne Weiteres Schadensersatz wegen Nichterfüllung verlangen oder vom Vertrage zurücktreten (§. 326 Abs. 2). Auf das letztere Recht sind wiederum nach §. 327 die Vorschriften der §§. 346 — 356 analog anzuwenden.

Auf diese analoge Anwendung ist nunmehr im Einzelnen näher einzugehen. Angeordnet ist diese Analogie einmal für das im §. 326 bestimmte gesetzliche Rücktrittsrecht und dann für die Fälle von Ablehnungsrecht. Dieses findet nach dem bisherigen

statt: im Falle des §. 286 Abs. 2 (Interessewegfall bei nicht
aus gegenseitigen Verträgen hervorgegangenen Obligationen) und
im Falle des §. 326 Abs. 1 Satz 3 i. V. mit §. 325 Abs. 1
Satz 2 und 280 Abs. 1 (Wegfall des Interesses bei bis zum
Fristablauf nur theilweise erfolgter Leistung). Ablehnung
und Rücktritt erfolgen nach §. 349 durch Erklärung dem
säumigen Theile gegenüber; selbstverständlich kommen die
Bestimmungen der §§. 130 ff. sowie §. 111 und §. 118 zur
Anwendung. —

Im Interesse des säumigen Theiles ist dafür gesorgt, dass
diese Erklärung nicht über Gebühr verzögert wird. Nach
§. 355 kann der Säumige dem Rücktritts- oder Ablehnungs-
berechtigten eine angemessene Frist zur Abgabe seiner
Erklärung stellen; erklärt sich der Berechtigte nicht, so
fällt das Rücktritts- oder das Ablehnungsrecht weg, und es
treten je nach den Umständen folgende Consequenzen ein:
Soweit bei gegenseitigen Verträgen eine Nachfrist fruchtlos
verlaufen, demnach Erfüllung ausgeschlossen ist, bleibt dem
Berechtigten nach Wegfall des Rücktrittsrechts nur noch die
Forderung auf Schadensersatz wegen Nichterfüllung. Dies hat,
soweit vor Ablauf der Nachfrist Theilleistung erfolgt ist, für
den Rest jedenfalls Geltung, wenn die Theilleistung für den
Berechtigten von Interesse ist. Ist aber die Theilleistung
nicht von Interesse, trifft also §. 326 Abs. 1 Satz 3 zu, so
verliert der Berechtigte mit dem Ablehnungsrecht nach Massgabe des §. 280 Abs. 2 die Schadensforderung wegen Nichterfüllung der ganzen Verbindlichkeit, ferner das Rücktrittsrecht; das Recht auf die Erfüllung ist bereits wie in allen
anderen Fällen untergegangen, und so bleibt ihm nur das
Recht, Schadensersatz wegen Nichterfüllung in Ansehung
des nicht erfolgten Theiles der Leistung zu fordern. Das
Resultat ist mithin dasselbe, wie wenn die Theilleistung von
Interesse ist.

Da wo bei gegenseitigen Verträgen im Uebrigen
Rücktritt wegen Interessewegfalls möglich ist (Fall des
§. 326 Abs. 2), bleibt bei nicht rechtzeitiger Erklärung,
da eine Nachfrist nicht gesetzt und gelaufen ist, ausser der

Schadensforderung wegen Nichterfüllung der — freilich werth-
lose — Erfüllungsanspruch und die Schadensforderung wegen
verspäteter Erfüllung.

Ist bei anderen Obligationen die Erklärung nach Frist-
setzung nicht rechtzeitig erfolgt, so fällt das Ablehnungsrecht
und die Schadensforderung wegen Nichterfüllung weg: es
bleibt nur die Forderung auf Erfüllung nebst Schadensforderung
wegen verspäteter Erfüllung.

Nach §. 346 sind dann ferner beim vertraglichen Rücktritt
die Parteien verpflichtet, einander die empfangenen Leistungen
zurückzugewähren. Dies ist naturgemäss für die analogen
Fälle des gesetzlichen Rücktritts- und des Ablehnungsrechts
auf Seiten des Nichtsäumigen insofern der Fall, als Theilleistung erfolgt ist und diese nach den bereits entwickelten
Grundsätzen nicht von Interesse für den Gläubiger ist. Dasselbe gilt für die für Ueberlassung der Benutzung einer Sache
und geleistete Dienste zu entrichtende Vergütung. Insoweit
Schadensersatz wegen Nichterfüllung gefordert wird, ist die
Vergütung in Rechnung zu stellen.

Vom Augenblick der Leistung an haftet der Rücktritts-
berechtigte, wie der Besitzer einer fremden Sache nach Eintritt
der Rechtshängigkeit, für den Schaden, der durch von ihm
verschuldete Verschlechterung, Untergang oder Herausgabe-
unmöglichkeit entstanden (§§. 347 und 989). Nutzungen
muss er herausgeben, er hat (nach derselben Gleichstellung)
dafür zu haften, wenn durch sein Verschulden die nach den
Regeln einer ordnungsmässigen Wirthschaft erzielbaren Früchte
nicht gezogen werden (§. 987), er kann dagegen für noth-
wendige Verwendungen Entschädigung verlangen nach den
Grundsätzen über die Geschäftsführung ohne Auftrag (§. 994
und §. 996). In diesen wesentlichen Zügen, wie in den
hierzu ferner gegebenen Einzelbestimmungen sind die Vorschriften, welche für das Verhältniss zwischen dem Eigen-
thümer und dem Besitzer vom Eintritte der Rechtshängigkeit
des Eigenthumsanspruchs gelten, massgebend.

Soweit eine Geldsumme geleistet ist, ist diese seit Empfang
mit 4 % (§. 347) zu verzinsen.

Die aus dem Rücktritt oder der Ablehnung entstehenden Verpflichtungen sind Zug um Zug zu erfüllen (§. 348). Rücktritt wie Ablehnung sind nach §. 351 ausgeschlossen, wenn durch Verschulden des Berechtigten eine wesentliche Verschlechterung, der Untergang oder die anderweitige Unmöglichkeit der Herausgabe des etwa empfangenen Gegenstandes eingetreten ist, wobei Untergang eines erheblichen Theiles einer wesentlichen Verschlechterung gleichsteht und ein nach §. 278 zu vertretendes Verschulden genügt. Gleiche Wirkung hat nach §. 352 die Specification.

Die genannten Umstände wirken ebenfalls auf Ausschluss des Rücktritts, wenn sie durch das Verschulden bezw. die Handlung einer Person verursacht sind, der der Berechtigte die Verfügung gegeben, oder an die sie durch Zwangsvollstreckung, Arrestvollziehung oder durch den Concursverwalter gekommen (§. 353). Dagegen schliesst zufälliger Untergang des Rückleistungsobjects das Rücktritts- bezw. Ablehnungsrecht nicht aus (§. 350).

Endlich kann auch der Verzug in Erfüllung der obengenannten Verbindlichkeiten des Berechtigten diesem sein Rücktrittsrecht nehmen. Der Gegner kann ihm eine angemessene Frist stellen, nach deren fruchtlosem Ablauf Rücktritt wie Ablehnung ausgeschlossen sind. Unter allen Umständen sind bei Betheiligung mehrerer an der Obligation Rücktritts- und Ablehnungsrecht gegen Alle und von Allen auszuüben. Erlöschen sie für Einen, so erlöschen sie für Alle (§. 356).

Das in §. 326 geregelte Rücktrittsrecht bei gegenseitigen Verträgen ist in einem Falle ausnahmsweise nicht gegeben. §. 454 bestimmt: „Hat der Verkäufer den Vertrag erfüllt „und den Kaufpreis gestundet, so steht ihm das in §. 325 „Abs. 2 und §. 326 bestimmte Rücktrittsrecht nicht zu". Nach dem Wortlaut des §. 454 ist damit nicht nur das Rücktrittsrecht zufolge Friststellung, sondern auch der §. 326 Abs. 2 gemeint. Dies ist für den Fall des Verkaufs zwar gleichgültig, da eine Geldzahlung wohl niemals ohne Interesse werden kann, wenigstens nicht unter normalen Verhältnissen, für die das Recht besteht. Dagegen wird diese Bestimmung

wichtig für den Tausch. Man nehme den Austausch zweier
Gegenstände, auf einer Seite Leistung und Kündigung, auf
der andern Eintritt des Verzuges und Wegfall des Interesses
an der Leistung auf Seiten dessen, der geleistet hat. Nach
§. 515 treffen die Bestimmungen über den Kauf zu; die
Motive heben zu §. 515 hervor, dass nach Stellung der
Bestimmung des §. 515 sämmtliche Bestimmungen über den
Kaufvertrag für entsprechend anwendbar erklärt sind.
Es ist allerdings zu bemerken, dass die Commissionsprotokolle anscheinend nur an den Fall des §. 326 Abs. 1
denken, wenn sie (vergl. Haidlen a. a. O. S. 522) sagen:
„Das dem Gläubiger eingeräumte Recht, von einem gegen-
„seitigen Vertrage zurückzutreten, wenn der im Verzug
„befindliche ... Schuldner die ihm zur Bewirkung der Leistung
„gestellte Frist nicht einhält, bedarf einer Einschränkung".
Es kann aber nicht zweifelhaft sein, dass damit der eben
für den Kaufvertrag allein wichtige Anwendungsfall des §. 454
bezeichnet werden sollte. Denn die Gründe, welche die
Protokolle im Folgenden für die Bestimmungen des §. 454
angeben, passen nicht weniger für den Interessenwegfall, wie
wir ihn beim Tausch als möglich gezeigt haben, als für die
fruchtlose Friststellung. Nach Haidlen (a. a. O.) sagen die
Protokolle: „Der Käufer erwirbt die Sache, um sie zu seinen
„Zwecken zu verwenden. Die Verwendung besteht häufig
„in Verbrauch oder Weiterveräusserung, häufig in einer
„Umgestaltung, in den meisten Fällen bringt sie eine Werths-
„minderung mit sich. In solchen Fällen den Käufer zu ver-
„pflichten, seine thatsächlichen oder rechtlichen Verfügungen
„rückgängig zu machen oder Schadensersatz wegen derselben
„zu leisten, wäre eine unbillige Belastung des Käufers." —
„Mit der Stundung des Kaufpreises wird der innere Zu-
„sammenhang zwischen der Lieferung der Waare und der
„Zahlung des Kaufpreises gelöst. Es liegt nahe, in der
„Stundung des Kaufpreises einen Verzicht auf das Rücktritts-
„recht zu erblicken."
Die Anwendbarkeit dieser Ausführungen auf §. 326 Abs. 2
bedarf keiner weiteren Erörterung.

§. 7.

Wie bereits bemerkt, nimmt sich endlich das Gesetz des Schuldners an, insofern während des Verzuges Umstände eingetreten sind, welche die ihm gebührende Leistung beeinträchtigen und dadurch ihm Schaden bringen. Die Behandlung dieser Möglichkeit ist dem römischen Recht entnommen. Dabei sind die Streitpunkte des Pandektenrechtes im Wesentlichen im Sinne der Windscheid'schen Auslegung (Bd. II. §. 280) entschieden.

Auch hier werden wir wiederum den im Eingang unserer Darstellung der Verzugswirkungen aufgestellten Grundsatz scharf durchgeführt finden, insbesondere auch, insofern das Gesetz es ablehnt, dem Gläubiger Mittel an die Hand zu geben, aus dem Verzuge des Schuldners Vortheil zu ziehen. Dem ganzen §. 287 liegt der Gedanke zu Grunde, dass es dem Gläubiger nicht schaden darf, wenn während des Verzuges die Leistung in irgend einer für ihn schädlichen Weise beeinflusst wird, falls diese Schädigung bei rechtzeitiger Leistung vermieden worden wäre. Zu solchen schädlichen Einflüssen gehört vor Allem jedes Verschulden des säumigen Schuldners; ein solches ist eben nur noch auf Grund der Säumniss denkbar und es entspricht dem Grundsatz der Schadensbehütung, wenn vom Augenblicke des Verzuges ab der Schuldner jede Fahrlässigkeit zu vertreten hat, er haftet, gleichviel wieweit seine Haftung vordem ging, für Ausserachtlassung der im Verkehr erforderlichen Sorgfalt (§. 276). Auch §. 278 kommt hierbei natürlich in Betracht.

Es ist aber ferner bestimmt, dass „auch für die während „des Verzuges durch Zufall eintretende Unmöglichkeit der „Leistung, der Schuldner verantwortlich ist, es sei denn, dass „der Schaden auch bei rechtzeitiger Leistung eingetreten sein „würde."

Es sei hier in Kürze der wesentlichen Streitpunkte gedacht, die die gemeinrechtliche Doctrin in dieser Materie aufweist.*) Tritt die Haftung des Schuldners für zufälligen

---

*) Vgl. Windscheid, Aufl. VII. §. 280, N. 2 nebst Anm. 13 u. 15.

Untergang während des Verzugs in allen Fällen und unbedingt
ein? — oder tritt sie nicht ein, im Falle, dass entweder derselbe — oder auch ein anderer Zufall den eingetroffenen
Schaden auch bei rechtzeitiger Leistung herbeigeführt haben
würde? — Und wenn eine dieser letzteren Auffassungen
richtig, kann sich der Gläubiger darauf berufen, dass er bei
rechtzeitiger Leistung den Leistungsgegenstand v o r dem
schädigenden Ereigniss verwerthet haben würde? Endlich, wer
hat in diesem Punkte zu beweisen, Gläubiger oder Schuldner?
Das Gesetz hat in folgerichtiger Durchführung des mehr-
erwähnten Princips diese Bestimmungen wie folgt gefasst:
Die Haftung des Schuldners tritt nicht unbedingt ein,
sie ist nur da statthaft, wo ohne den Leistungsverzug der
Gläubiger den entstandenen Schaden hätte verhüten können.
Dies wird überall da n i c h t der Fall sein, wo ein Umstand — sei
es derselbe Zufall, sei es eine andere Thatsache — denselben
Schadenserfolg auch bei rechtzeitiger Leistung herbeigeführt
haben würde. Es konnte nicht genügen, diese Ausnahme
von der Regel auf den Fall zu beschränken, dass d e r s e l b e
Zufall auch bei rechtzeitiger Leistung wirksam geworden,
wie dies der Entwurf erster Lesung bestimmte. Damit wäre
dem Schuldner ein ihm folgerichtig zustehender Beweis
abgeschnitten, und der Möglichkeit Raum gegeben worden,
dass der Gläubiger einen directen Vortheil aus dem Verzug
des Schuldners ziehe. Die Commissionsprotokolle führen in
dieser Hinsicht im Anschluss an W i n d s c h e i d §. 258 Note 15
aus (vgl. R e a t z a. a. O. I S. 121 und H a i d l e n a. a. O.
Bd. I S. 352): „Es kommt auf den Causalzusammenhang
„zwischen dem Verzug und dem Schaden an. Dieser
„Zusammenhang besteht aber zwischen dem Verzug und dem
„Schaden auch dann nicht, wenn der Verzug dadurch, dass
„er den geschuldeten Gegenstand dem Gläubiger vorenthalten
„hat, denselben der Wirkung eines Zufalles entzogen hat,
„welcher ihm im Falle rechtzeitiger Leistung bei dem
„Gläubiger betroffen hätte."
Soweit freilich feststeht, dass vor Eintritt des schädigenden
Ereignisses der Gläubiger bereits über den Leistungsgegenstand

verfügt haben würde, wird der Causalzusammenhang hergestellt; denn in diesem Falle hätte der Gläubiger eben bei rechtzeitiger Leistung den Schaden vermieden. Mit dem Commissionsprotokoll (vgl. Lande Das Bürgerliche Gesetzbuch etc. für die Praxis herausgegeben etc. S. 79, Reatz Gegenüberstellung S. 121) ist hervorzuheben, dass selbstverständlich ein Zufall, der nach Entstehung des Schadensanspruchs den Gegenstand bei dem Gläubiger betroffen hätte, wenn die Unmöglichkeit nicht bereits eingetreten wäre, den Causalzusammenhang nicht rückwärts wieder aufheben kann.

Die Beweisfrage regelt sich nach unserem Dafürhalten aus der Sache; das Eintreten eines Zufalls, der den Leistungsgegenstand auch bei rechtzeitiger Leistung betroffen haben würde, stellt eine Behauptung dar, welche die Richtigkeit der gegnerischen Behauptung, dass durch Zufall während des Verzugs Unmöglichkeit eingetreten, an sich unberührt lässt; wir haben es also nach dem Wortlaut des §. 287 mit einer exceptio zu thun, die derjenige beweisen muss, der sich darauf stützt. Es liegt auf der Hand, dass die Behauptung, der Gläubiger würde vor dem Eintritte des schädigenden Ereignisses den Leistungsgegenstand so verwerthet haben, dass er von dem Ereigniss unberührt geblieben wäre, ein Bestreiten der Exceptio enthält, dass also auch hier den Schuldner die Beweislast trifft.

Beides geht im Uebrigen aus dem §. 282 des Gesetzes hervor, der besagt: „Ist streitig, ob die Unmöglichkeit Folge „eines von dem Schuldner zu vertretenden Umstandes ist, „so trifft die Beweislast den Schuldner." Auch sonst sind für den §. 287 die Bestimmungen über Unmöglichkeit der Leistung massgebend, wie sie in den §§. 280, 281 enthalten sind. Demnach hat der Schuldner den durch die Nichterfüllung entstehenden Schaden zu ersetzen. Im Falle theilweiser Unmöglichkeit kann der Gläubiger unter Ablehnung des noch möglichen Theiles der Leistung Schadensersatz wegen Nichterfüllung der ganzen Verbindlichkeit verlangen, wenn die theilweise Erfüllung für ihn kein Interesse hat. Endlich kann der Gläubiger Herausgabe eines etwa in Folge

des Umstandes, der die Leistung unmöglich machte, erlangten
Ersatzes und Abtretung eines gleichen Ersatzanspruchs verlangen und muss sich dann den Werth des Erlangten auf
seine Schadensersatzforderung anrechnen. —
Bei Haidlen (a. a. O. Bd. I S. 353) finden wir zu
§. 290 Ges. folgende Ausführung aus den Motiven übernommen:
„Aus §§. 286, 287 folgt ferner, dass der Gläubiger keineswegs
„ohne Weiteres den höchsten Werth fordern kann, welchen
„der Leistungsgegenstand während der Dauer des Verzuges
„hatte; für die Werthsbestimmung ist vielmehr zunächst die
„Zeit entscheidend, in welcher der Schuldner zu leisten
„verpflichtet war". — Der letzte Satz dieser Ausführung
beruht auf einer Bestimmung des Entwurfs erster Lesung
des §. 240 Abs. 2, die von den Motiven neben §. 251 und
§. 247 dieser Ausführung zu Grunde gelegt ist.*) Diese
Vorschrift lautet: „Für die Bestimmung des Werthes eines
„Gegenstandes, dessen Leistung ganz oder theilweise unmöglich
„geworden, ist der Ort der Leistung sowie die Zeit entscheidend,
„in welcher der Schuldner zu leisten verpflichtet war. Den
„Werth einer späteren Zeit kann der Gläubiger nur geltend
„machen, wenn nach den Umständen anzunehmen ist, dass
„sein Schaden in der Entziehung des höheren Werthes
besteht." Diesen §. 240 Abs. 1 des ersten Entwurfs hat
man gestrichen, „weil sich gegen die Bestimmung über den
„massgebenden Zeitpunkt gegründete Bedenken erheben lassen
„und kein Bedürfniss besteht, diese bei jedem Schadensersatze
„auftauchende Frage für den Fall des §. 240 besonders zu
„entscheiden". (Vgl. Reatz Gegenüberstellung S. I. 119.)
Die letzten Worte der citirten Ausführung sind demnach
jedenfalls zu unrecht von Haidlen auf den §. 287 des Gesetzes
übertragen worden. Es ist nach Lage der gegebenen
gesetzlichen Bestimmungen ganz und gar ins Ermessen des
Richters gestellt, welcher Zeitpunkt für die Werthsbestimmung
massgebend sein soll. Dabei ist es allerdings selbstverständlich,
dass nicht immer der höchste Werth herauskommt, den der

---

*) Anm: „Aus §§. 251, 240 Abs. 2, 247 folgt ferner u. s. w".

Leistungsgegenstand während des Verzuges hatte. Nehmen wir zum Beispiel folgenden Fall an: Ein Schuldner, der sich seit 15. Juni in Verzug befindet und bei dem am 1. Juli Unmöglichkeit eingetreten, hat den ihm nach §. 287 zustehenden Exceptionsbeweis dahin erbracht, dass am 18. Juni beim Gläubiger ein Ereigniss eingetreten, das denselben Schaden hervorgerufen haben würde; der Beweis, dass Gläubiger vor dem 18. nicht weiter veräussert haben würde, wie dieser entgegenhält, ist dem Schuldner fehlgeschlagen. Nach dem 18. Juni erfährt die Sache, deren Leistung ja erst am 1. Juli unmöglich wird, eine beträchtliche Werthsteigerung. Es wäre offenbar unbillig, wollte man diese dem Gläubiger zu Gute kommen lassen, da doch angenommen wird, dass er schon früher veräussert haben würde. Hier erhält er jedenfalls nicht den höchsten Werth, den der Leistungsgegenstand während der Dauer des Verzuges hatte.

Dagegen ist den Motiven und Haidlen, der sie citirt, zuzustimmen, wenn sie eine Werthverringerung durch Sinken der Preise — anders als Windscheid (§. 280 Note 15) — einer Verschlechterung nach §. 287 nicht gleichgestellt wissen wollen. Hier liegt ein unmittelbar aus der Verzögerung der Leistung entstandener Schaden vor, und es genügt daher: „Die Verweisung auf das allgemeine Princip", auf den §. 286 Abs. 1.

Insoweit nun nach den vorgeschilderten Bestimmungen der Ersatz des Werthes oder des Minderwerthes eines Gegenstandes, dessen Herausgabe während des Verzuges unmöglich geworden, der insbesondere untergegangen ist oder verschlechtert worden, vom Schuldner verlangt werden kann, hat das Gesetz aus demselben Gedanken, der die Verzinsung der Geldschuld beim Verzuge gebot, eine Verzinsung des Ersatzbetrages angeordnet. Dabei hat man geschwankt, in welchem Augenblicke diese Verzinsung eintreten solle. Die Entwürfe haben diesen Zeitpunkt in den Augenblick des Verzugsbeginns gesetzt. Es erscheint aber billig, dass der Gläubiger da, wo er eine spätere, für den Sachwerth günstigere Zeit zu dessen Bestimmung in Anspruch nimmt, sich auch erst diesen Zeitpunkt als Beginn des Zinsenlaufs gefallen lässt. Zutreffend erläutert der Reichstagscommissionsbericht S. 34 durch folgendes Beispiel die „Bedeutung und Nothwendigkeit" dieser Aenderung. „Sei der Schuldner bezüglich „der Verpflichtung zur Leistung eines Rindes im Anfang des „Januar in Verzug gekommen und fordere der Gläubiger, „nachdem inzwischen das Rind geschlachtet worden, Anfang „December Schadensersatz mit dem Verlangen, dass bei der „Werthberechnung derjenige Werth zu Grunde gelegt „werde, den das Rind in Folge der inzwischen eingetretenen „Werthsteigerung erlangt haben würde, wenn es December „noch gelebt hätte, so könne der Gläubiger selbstverständlich „von dem so ermittelten Betrage Zinsen nicht seit Anfang „Januar, sondern erst von Anfang December des betreffenden „Jahres verlangen."

Eine fernere Aenderung, die der Reichstag herbeigeführt, ist die Streichung des Schlusssatzes, den §. 290 früher hatte: „Für die Zeit, für welche der Gläubiger Zinsen fordert, kann „er nicht Ersatz für entzogene Nutzungen verlangen." Nach den Motiven (S. 66) erhält der Gläubiger die Zinsen als Entschädigung für die entzogenen Nutzungen. Dieser Gedanke ist für die jetzige Fassung auch noch massgeblich. Denn es ist so aufzufassen, als ob in dem Augenblicke, der für die Bestimmung des Werthes massgebend ist, die Obligation auf den Gegenstand sich in eine Geldschuld umgewandelt hätte, die nun zu verzinsen ist. In diesem Sinne sagt der Commissionsbericht: „Die Streichung des zweiten Absatzes „soll den in demselben ausgesprochenen Satz nicht für „unrichtig erklären, sondern die Frage lediglich der Judicatur „überlassen."

Selbstverständlich ist Koll beizupflichten, wenn er (S. 17 a. a. O.) annimmt, dass der Gläubiger ebenso wie in §. 288 einen die Verzinsung übersteigenden Schaden geltend machen kann. Es entspricht dies dem Grundsatz, der, wie eingangs bemerkt, der ganzen Anordnung der Wirkungen des Verzugs zu Grunde liegt und ausserdem der zwingenden Analogie zu §. 288 Gesetzes.

Uebrigens mag hier bemerkt werden, dass soweit eine Ersatzleistung für P r e i s minderung nach unserer früheren Ausführung gemäss §. 286 Abs. 1 zu beurtheilen ist, eine analoge Anwendung der Bestimmungen des §. 290 auf der Hand liegt.

Zum Schluss ist auf eine Bemerkung der Motive zu §. 287 hinzuweisen, deren Inhalt selbstverständlich ist (S. 65): „Die Vorschrift des §. 287 (251 E. I) gilt, worauf auch der „Wortlaut hinweist, in Ansehung eines jeden Leistungs-„gegenstandes, nicht blos für Sachleistungen, insbesondere „auch, wenn Handlungen geschuldet werden."

§. 8.

Wir kommen nunmehr zu denjenigen an die Thatsache des Verzuges geknüpften Erscheinungen, die wir oben als „besondere Wirkungen" im Gegensatz zu den „regelmässigen" deshalb bezeichneten, weil sie entweder für besondere Obligations-verhältnisse oder für das Zutreffen gewisser besonderer Vertrags-abreden gegeben sind oder endlich nicht die für das Entstehen des Verzuges in Betracht kommenden Personen, den Gläubiger und den s ä u migen Schuldner, sondern dritte Personen treffen.

In der letzteren Hinsicht sind der Gesammtschuldner und der Bürge zu berücksichtigen. Für ersteren bringt es die accessorische Natur der Bürgschaft mit sich, dass der Verzug des Schuldners und die durch denselben eingetretene Ver-änderung der Hauptverbindlichkeit auch ihn trifft (§. 767 Abs. 1). Soweit der Bürge sich im Auftrage des Schuldners verbürgt, oder nach den Vorschriften über Geschäftsführung ohne Auftrag die Rechte eines Beauftragten hat, kann er beim Verzug des Schuldners von diesem Befreiung von der Bürgschaft verlangen. Dagegen wird ein Gesammtschuldner in seinen Rechten und Pflichten durch den Verzug des Andern in keiner Weise berührt. (§. 425 Ges.)

§. 9.

Auf dem Gebiete dreier contractlicher Schuldverhältnisse: Kaufvertrag, Mietsvertrag, Werkvertrag, und eines nicht contractlichen: der gesetzlichen Alimentationsschuld, finden sich Besonderheiten.

Der § 455 des Gesetzes bestimmt, dass dem Verkäufer einer beweglichen Sache, der sich das Eigenthumsrecht bis zur Zahlung des Kaufpreises vorbehalten hat, bei Zahlungsverzug des Käufers im Zweifel ein sofortiges Rücktrittsrecht zustehen solle. Diese Auslegungsregel, die wegen der häufig unklaren Parteiabkommen in dieser Richtung wohl begründet ist, knüpft an den Verzug ein vertragliches Rücktrittsrecht. Es kommen also die Bestimmungen der §§. 346—356 nicht analog, sondern unmittelbar zur Anwendung. Das Rücktrittsrecht aus §. 326 Abs. 1 ist daneben nicht ausgeschlossen, indessen naturgemäss von keinerlei praktischem Werth, da es durch das präsumirte vertragliche übertroffen wird.

Einen ferneren Fall eines unmittelbar an den Verzug geknüpften Rücktrittsrechts nimmt Schollmeyer (Das Recht der einzelnen Schuldverhältnisse, Berlin, Guttentag 1897) an. Wenn wir ihn nämlich recht verstehen, so rechnet er unter die Fälle des „Rücktrittsrechts" auch eine der im Mietrecht vorkommenden „besonderen" Verzugswirkungen, nämlich die Bestimmung des §. 554. Seite 49 und 50 a. a. O. schreibt er: „Das Ver-„hältniss endigt: . . . . . 3) Durch einseitige Rücktritts-„erklärung vor Ablauf der Vertragszeit, vom Gesetz: Kündi-„gung (ohne Einhaltung einer Kündigungsfrist) genannt." §. 554 bestimmt, dass der Vermieter ohne Einhaltung einer Kündigungsfrist das Mietsverhältniss kündigen könne, wenn der Mieter mit der Entrichtung des Mietszinses für zwei aufeinander folgende Termine oder eines Theiles desselben im Verzug ist. Die Wirkungen dieses Kündigungsrechts können auf doppelte Art vom Mieter verhütet werden. Einmal durch Befriedigung vor der Kündigung und dann durch Aufrechnungserklärung unverzüglich nach der Kündigung, wenn ihm solches zusteht.

Hierzu wäre allenfalls zu bemerken, dass unter Befriedigung natürlich die volle Zahlung b e i d e r Raten zu verstehen ist. Die zweite Bestimmung des §. 554 Abs. 2 findet in dem Wesen der Aufrechnung ihre Begründung, wenn sie aus den Bestimmungen über dieselbe auch nicht s e l b s t v e r s t ä n d l i c h ist. (Vgl. Komm.-Prot. bei H a i d l e n I. S. 621.) Wir können aber dem nicht beipflichten, wenn S c h o l l m e y e r wirklich die Bestimmung des §. 554 als eine Erscheinung des Rücktrittsrechts bezeichnen will; es ist allerdings kaum zu bezweifeln, dass er dies thut, da er auch im Folgenden diese Erscheinung mit „Rücktrittsrecht" bezeichnet. Jedenfalls bietet das Gesetz keinerlei Anhaltspunkte für diese Annahme; weder die Bezeichnung „Rücktrittsrecht" ist angewendet, noch findet sich eine Verweisung auf die Bestimmungen über das vertragliche Rücktrittsrecht, die doch nach der technischen Anlage des Gesetzes zu erwarten wäre. Es ist aber auch Beides wohl mit vollster Absicht unterblieben. Wie wir bereits an früherer Stelle betonen konnten „soll der „Rücktritt vom Vertrage die Betheiligten in die Lage ver- „setzen, als ob der Vertrag nicht geschlossen wäre". (Mot. S 211 Bd. II.) Wir meinen, mit einer derartigen Bestimmung wäre hier beim Verzuge des Mieters dem Vermieter eventuell übel gedient. Denn die Folge würde sein, dass er mit dem Verlassen des Bodens des Vertrages zugleich seinen Anspruch auf das Verzugsinteresse verlieren würde. (Vergl. Mot. das.) Es bedarf keiner Ausführung, dass der §. 554 diesen Sinn nicht hat und nicht haben kann. Die Bezeichnung „Rücktrittsrecht" ist daher unseres Erachtens als nicht richtig zu verwerfen.*) Das Mietsrecht weist in §. 538 eine zweite besondere Verzugswirkung auf. Kommt der Vermieter mit der Beseitigung gewisser, in §. 537 näher bezeichneter Mängel in Verzug, so kann der Mieter Schadensersatz wegen Nichterfüllung fordern oder die Mängel selbst beseitigen und

---

*) In dieser Auffassung kann uns der gelegentliche Gebrauch des Wortes „Rücktrittsrecht" in Motiven und Commissionsprotokollen nicht beirren. (Vergl. H a i d l e n I. S. 620, 621.)

Ersatz der erforderlichen Aufwendungen verlangen. Die erstere Bestimmung ist eine den besonderen Anforderungen des Mietsverhältnisses entsprechende Erleichterung der Vorschriften des §. 326, der wohl der Gedanke zu Grunde liegt, dass es diesem Verhältniss besonders zu eigen ist, dass das Interesse an der Leistung mit der Verzögerung schwindet. Die zweite Bestimmung präcisirt ein Recht des Mieters, das sich, wie die Motive meinen, wohl bereits aus allgemeinen Grundsätzen ergiebt. Die Anknüpfung an den Verzug enthält aber jedenfalls noch eine praktischen Rücksichten entsprechende Besonderheit, wie denn die ganze Bestimmung für die Praxis von weittragender Bedeutung ist. Dieser letzten Vorschrift vollkommen analog bestimmt beim Werkvertrage §. 633 Abs. 3: „Ist der „Unternehmer mit der Beseitigung des Mangels im Verzug, so „kann der Besteller den Mangel selbst beseitigen und Ersatz „der erforderlichen Aufwendungen verlangen."

Der letzte hier aufzuführende Fall besonderer Wirkung des Verzuges bei einem bestimmten Obligationsverhältniss gehört, wie bereits bemerkt, dem Familienrecht an und betrifft die Unterhaltungspflicht. Das Gesetz schliesst die Nachforderung von Alimenten für die Vergangenheit grundsätzlich aus. (Vgl. Mot. Bd. IV S. 705.) Die Bestimmung des §. 1613, dass vom Augenblicke des Verzuges an für die Vergangenheit Erfüllung der Alimentationspflicht oder Schadensersatz wegen Nichterfüllung gefordert werden kann, ist praktischen Erwägungen entsprungen, die in den Zwecken der Alimentation begründet sind.

§. 10.

Von besonderen Vertragsabreden, die durch den Verzug berührt werden, sind zu nennen die Abrede des Rücktritts und die der Vertragsstrafe. In ersterer Hinsicht sind wir bereits der einschlägigen Bestimmung beim gesetzlichen Rücktrittsrecht begegnet. Der Verzug des Rücktrittsberechtigten mit der Rückgewähr des empfangenen Gegenstandes oder

eines erheblichen Theiles desselben, berechtigt den anderen
Theil, eine angemessene Frist für diese Rückgewähr zu setzen,
nach deren fruchtlosem Verlaufe der Rücktritt unwirksam
wird. (§. 354.)

Von ungleich grösserer Bedeutung ist der Verzug für die
Abrede der Vertragsstrafe.

Insoweit nämlich nicht etwa die geschuldete Leistung
in einem Unterlassen besteht, ist die Verwirkung der Vertragsstrafe an den Eintritt des Verzuges geknüpft. Damit sind
die zahlreichen Fragen, wie sie sich z. B. im römischen Recht,
was den Zeitpunkt der Verwirkung angeht, ergeben (vgl.
Windscheid II. Text zw. Note 2 und 7 §. 285), auf das
Gebiet des Verzuges hinübergespielt und mit der Frage nach
dem Eintritt dieser Rechtsthatsache entschieden. Zu bemerken
ist, dass die hier getroffenen Bestimmungen lediglich dis-
positiver Natur und vertraglicher Abänderung fähig sind.

Im Uebrigen bedarf es eines kurzen Eingehens auf die
Bestimmungen über die Conventionalstrafe, insoweit dieselbe
in Concurrenz tritt mit den regelmässigen Wirkungen des
Verzuges, insbesondere mit den Bestimmungen über Schadensersatz wegen Nichterfüllung und Rücktritt.

Zu unterscheiden ist hier mit dem Gesetz eine Vertragsstrafe, die für die Nichterfüllung, und eine solche, die für nicht
gehörige Erfüllung ausgemacht ist.

Wir behandeln zunächst den ersten Fall. Hier ist zu
bemerken, dass die erhobene Strafforderung die Forderung
auf Erfüllung ausschliesst. Die Thatsache, dass nunmehr
die Erfüllung ausgeschlossen, ist von besonderem Interesse
für die Möglichkeiten, die dem Gläubiger nach §. 286
Abs. 2 und §. 326 gegeben sind. Kann für ihn, nachdem er die Strafe gefordert, noch ein Schadensersatzanspruch wegen Nichterfüllung oder ein Rücktrittsrecht
entstehen?*) Die Frage ist zu verneinen. Beide Rechte
beruhen in ihren Voraussetzungen — Wegfall des Interesses
oder Fristablauf — auf dem Recht des Gläubigers auf

---

*) So weit es vor der Forderung schon besteht, bleibt es unberührt.

Erfüllung. Dieses Recht löst sich — sei es durch Wegfall des Interesses, sei es durch Fristablauf — in die beiden genannten Rechte auf. Beim Fehlen des Rechts auf Erfüllung können diese also nicht zur Entstehung kommen. Dasselbe gilt, wenn an und für sich nach den Bestimmungen des §. 287 Schadensersatz wegen Nichterfüllung gefordert werden könnte. Ist der die Leistung unmöglich machende Umstand erst nach der Forderung der Conventionalstrafe, nach dem Erlöschen der Erfüllungsforderung eingetreten, so ist an Schadensersatz wegen Nichterfüllung nicht zu denken.

Anders dagegen, wo die Forderung auf Schadensersatz wegen Nichterfüllung bereits entstanden war, als der Gläubiger die Strafe forderte. Hier kann er die verwirkte Strafe als Mindestbetrag des Schadens verlangen (§. 340 Abs. 2), und als ein solches Verlangen wird naturgemäss jedes Fordern der Conventionalstrafe anzusehen sein. Daneben kann er dann den weiteren Schaden, wie ausdrücklich bestimmt ist, verlangen. In diesen Bestimmungen zeigt sich die Doppelnatur der Conventionalstrafe, wie sie die Motive (Bd. II S. 275) kennzeichnen: und „. . . . . wonach sie „die doppelte Function hat, einmal als Zwangsmittel gegen „den Schuldner zu dienen, sodann dem Gläubiger die „Interessenforderung zu erleichtern und zu sichern“. — Diese Bestimmungen des §. 340 Abs. 2 gelten übrigens nur da, wo die Vertragsstrafe in einer Geldzahlung besteht. In anderen Fällen ist nach §. 342 der Anspruch auf Schadensersatz ausgeschlossen, wenn der Gläubiger die Strafe verlangt.

Was das Recht den Rücktritt zu erklären anlangt, so erlischt dieses (im Falle dass es bereits bestand), sobald die Conventionalstrafe gefordert wird, was sich aus demselben Gesichtspunkte ergiebt, der dafür massgebend ist, dass dieses Recht nach der Forderung der Conventionalstrafe nicht mehr entstehen kann. Praktisch bedeutungsvoller ist, dass umgekehrt die Rücktrittserklärung den Anspruch auf die Vertragsstrafe ausschliesst. Mit dem Rücktritt wird der Boden des Vertrages verlassen, es ist so anzusehen, als ob dieser gar nicht bestanden hätte (vgl. Mot. Bd. II S. 211). Die Vertragsstrafe

ist aber mit dem Bestehen der Verbindlichkeit, für die sie
stipulirt ist, derart verknüpft, dass von der letzteren Bestehen
das ihre abhängt. Sie fällt also durch den Rücktritt mit der
Obligation fort. Dies scheint uns der unmittelbare Grund
für diese Thatsache zu sein, die die Motive wie folgt begründen:
„Wenn der Gläubiger wegen Nichterfüllung seitens des
„Schuldners den Rücktritt vom Vertrage wählt, kann er
„daneben für die Regel nicht auch die Conventionalstrafe
„verlangen. Letztere vertritt den Schadensersatzanspruch des
„Gläubigers; ein solcher ist aber gemäss der Vorschrift des
„§. 369 neben dem Rücktritte regelmässig ausgeschlossen."
Der Fall, dass die Vertragsstrafe für die nicht gehörige,
insbesondere nicht rechtzeitige Erfüllung gesetzt ist, bietet
für die Wechselwirkung mit den übrigen Verzugsfolgen keine
Besonderheiten, da hier das Strafverlangen die Erfüllungsforderung nicht berührt. Die Forderung der Strafe wird
demnach einer Forderung von Schadensersatz wegen Nichterfüllung unter keinen Umständen im Wege stehen. Aus
der vorher gegebenen Begründung ergiebt sich von selbst,
dass auch hier Rücktrittsrecht und Forderung der Vertragsstrafe einander absolut ausschliessen. Damit sind die hier
interessirenden Bestimmungen über die Vertragsstrafe erschöpft.
Zugleich ist die Reihe der besonderen Wirkungen des Verzuges und damit dessen Folgen überhaupt abgeschlossen.

§. 11.

Ueber die Aufhebung des Verzuges giebt das Gesetz
keine Bestimmung. Da der Verzug aber begrifflich von dem
Bestehen des Schuldverhältnisses abhängt, so werden dessen
Schicksale naturgemäss für ihn von Einfluss sein. Daher
wird jede Art von Aufhebung des Schuldverhältnisses, insbesondere durch Erlass und Erfüllung, wie im früheren Recht,
den Verzug endigen. Desgleichen hemmt Stundung die
Verzugswirkungen, und endlich findet der Leistungsverzug

(wie auch die Commissionsprotokolle hervorheben, vgl. R e a t z, Gegenüberstellung I S. 122) sein Ende mit dem Eintritt des Annahmeverzuges. Damit sind die Endigungsgründe des Verzuges genannt: ob ein solcher Endigungsgrund vorliegt, ist Thatfrage. Das trifft insbesondere zu für den von uns oben berührten Fall der Zurückziehung einer die Mahnung ersetzenden Klage. Es ist nach den Umständen festzustellen, ob mit der Zurückziehung einem Erlass, einer Stundung Ausdruck geliehen ist, und je nachdem zu entscheiden. Ebenso gehört auf das Gebiet der Beurtheilung der Umstände, wie es mit den bereits entstandenen Verzugsansprüchen nach Aufhebung des Verzuges steht. Dazu ist zu bemerken, dass die Verzugsansprüche einen durchaus selbstständigen Charakter haben. Die Motive geben dem zu §. 253 des Entwurfs erster Lesung und zu §. 217 Ausdruck und sagen an letzterer Stelle, wo sie diesen Grundsatz der Selbstständigkeit für Nebenrechte allgemein aufstellen, dass eine Vorschrift hierüber überflüssig scheint, weil die Befugniss zur selbstständigen Geltendmachung selbstverständlich sei und eine Vorschrift eher nöthig gewesen wäre, hätte man das Gegentheil bestimmen wollen. Will man dennoch diesen Grundsatz auch im Gesetz ausgedrückt sehen, so mag eine Ausführung K o l l s hier Platz finden. Derselbe sagt bei Besprechung des §. 341 Abs. 3 des Gesetzes: „Diese Sonderbestimmung" (dass nämlich der Gläubiger bei nachträglicher Annahme der Erfüllung die Vertragsstrafe nur noch verlangen kann, wenn er sich das Recht dazu vorbehält) „ist zugleich für die „allgemeine Lehre vom Verzuge von grosser Wichtigkeit, „indem sie a contrario erkennen lässt, dass die gesetzlichen „Folgen des Verzuges als selbstständige Ansprüche anzusehen „sind, die unabhängig vom Hauptanspruche verfolgt werden „können und auf welche durch vorbehaltlose Annahme der „Erfüllung nicht stillschweigend verzichtet wird." Wir pflichten . dieser Ausführung im Allgemeinen bei: dass überhaupt für ein entstandenes Nebenrecht ausdrücklich bestimmt werden m u s s, dass es mit einer gewissen Erledigung des Hauptrechts zugleich fällt, lässt allerdings den Schluss a contrario zu, dass sonst für entstandene accessorische Rechte und also auch für Verzugsansprüche das Gegentheil gilt.

Nach dem Obigen bedarf es keiner näheren Darlegung, dass mit der Aufhebung des Verzuges nur dann dessen Folgen rückwärts aufgehoben werden, wenn die Umstände einen bestimmt darauf gerichteten Parteiwillen erkennen lassen. Nur in einem Falle steht dies ohne Weiteres auch schon gesetzlich fest, nämlich überall da, wo ein Schuldverhältniss durch „Rücktritt" im technischen Sinne des Gesetzes (§. 326 etc.) geendet wird. Mit diesem ist allerdings — wie bereits mehrfach hervorgehoben — die Tilgung jeder bereits entstandenen Verzugsfolge begrifflich verbunden.

§. 12.

Damit glauben wir die im Gesetze enthaltenen Vorschriften über den „Verzug des Schuldners" erschöpft zu haben. Es konnte nicht die Aufgabe der gegenwärtigen Arbeit sein, gewisse den Verzugswirkungen verwandte Erscheinungen und ihre Voraussetzungen, wie Wirkungen der Rechtshängigkeit und andere, die wir mit dem Ausdrucke „verzugsähnliche Fälle"*) bezeichnen möchten, in die Erörterung aufzunehmen. Von diesen Fällen möchten wir nur einen um deshalb erwähnen, weil er im gemeinen Recht wenigstens einen Verzugsfall darstellt. Wir meinen die mora ex re, die in dem §. 848 Gesetzes ihre besondere gesetzliche Regelung erfahren hat. Der §. 848 lautet: „Wer zur Rückgabe einer „Sache verpflichtet ist, die er einem Anderen durch eine „unerlaubte Handlung entzogen hat, ist auch für den zufälligen „Untergang, eine aus einem anderen Grunde eintretende „zufällige Unmöglichkeit der Herausgabe oder eine zufällige „Verschlechterung der Sache verantwortlich, es sei denn, dass

---

*) Dahin rechnen wir die Wirkungen der Rechtshängigkeit, die Unmöglichkeit, u. a. — auch den Fall des §. 1146 Ges.

„der Untergang etc. auch ohne die Entziehung eingetreten „sein würde" Diese dem §. 287 im Verzugsrechte analoge Bestimmung wird durch den §. 849 ergänzt, der dem § 290 entspricht. Im Uebrigen aber vermeidet das Gesetz jede Bezugnahme auf den Verzug des Schuldners und giebt offenbar mit vollster Absicht diese Bezeichnung dem Falle des §. 848 nicht.